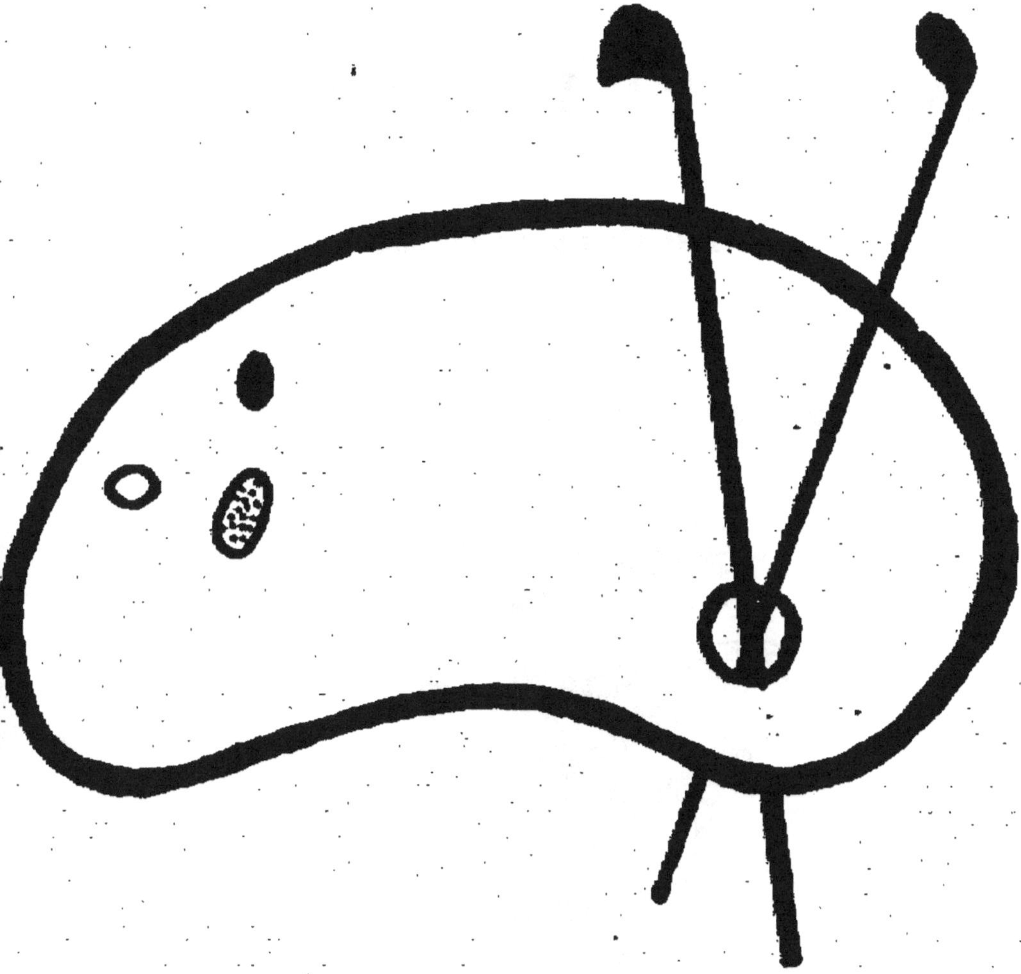

DEBUT D'UNE SERIE DE DOCUMENTS
EN COULEUR

LES GRANDS JOURS
DE L'ALSACE

ENTRETIENS D'UN PÈRE ALSACIEN

PAR

Edouard SIEBECKER

PARIS

A. CINQUALBRE, ÉDITEUR

54, RUE DES ÉCOLES

1879

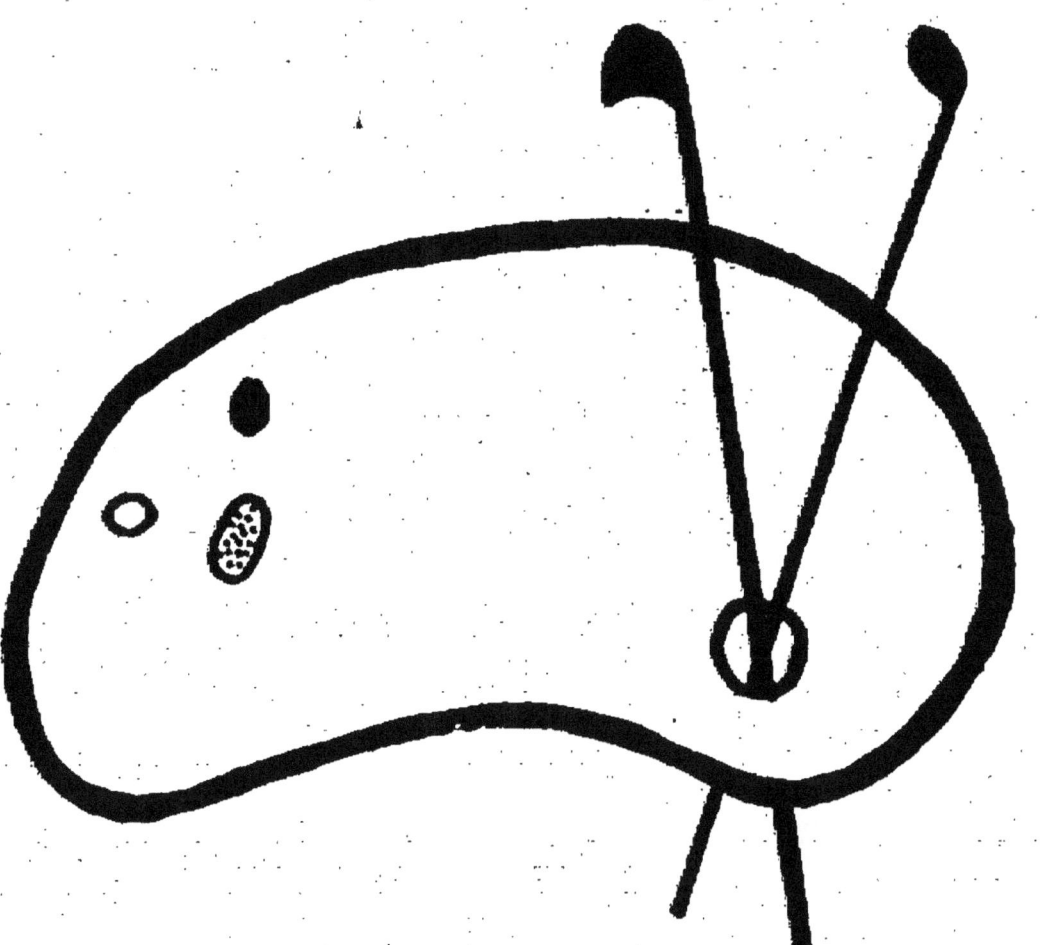

FIN D'UNE SERIE DE DOCUMENTS EN COULEUR

LES GRANDS JOURS

DE L'ALSACE

PARIS. — IMPRIMERIE A. CINQUALBRE, 54, RUE DES ÉCOLES.

LES GRANDS JOURS
DE L'ALSACE

ENTRETIENS D'UN PÈRE ALSACIEN

PAR

Édouard SIEBECKER

PARIS

A. CINQUALBRE, ÉDITEUR

54, RUE DES ÉCOLES

—

1879

A MES FILLES BIEN-AIMÉES

Charlotte et Jeanne SIEBECKER

LES GRANDS
JOURS DE L'ALSACE

ENTRETIENS D'UN PÈRE ALSACIEN

I

CE QUE DISENT LES RUINES

Quand on veut bien comprendre l'histoire d'un pays, c'est-à-dire les raisons de ses guerres, de ses alliances, de ses révolutions, de ses aspirations, il faut d'abord étudier soigneusement ses origines.

L'historien ressemble au médecin, qui, pour se rendre compte du tempérament d'un malade, doit l'interroger, non-seulement sur les mille particularités de son enfance, mais encore sur une foule de détails de l'existence de ses ancêtres : car, de même que, dans la vie d'une famille, c'est souvent dans deux ou trois accidents ou convulsions qu'on trouve la source de toutes les maladies dont sont affectés ses membres, de même aussi, dans la vie d'un peuple, presque tous les événements découlent logiquement de quelques grands faits primordiaux.

Comme le reste de la France, l'Alsace est gauloise d'origine : de là la puissance de ses attaches avec la mère patrie.

On objecte la langue, mais cette raison est mauvaise. On subit toujours plus ou moins le contact de ses voisins, et il n'est pas plus étonnant de trouver un patois ressemblant à l'allemand sur la frontière de l'Allemagne, que d'entendre un patois ressemblant à l'espagnol sur la frontière d'Espagne.

D'ailleurs est-ce qu'après les débordements d'un fleuve, la terre inondée ne garde pas un limon qu'elle n'absorbe que peu à peu et qui la modifie toujours en bien ou en mal? Quoi d'étonnant alors à ce qu'après les grandes invasions de peuples, les contrées occupées le plus longtemps conservent du limon dans leur langage et dans leurs mœurs! Or, l'Alsace, frontière extrême de la Gaule, placée en face des hordes pillardes de la Germanie, devait, plus que toute autre contrée, subir le contre-coup de leurs invasions.

Au surplus, trois choses prouvent l'origine gauloise de l'Alsace : ses antiquités, son histoire primitive et la philosophie qui se dégage, pour ainsi dire, de ses convulsions intérieures et qu'on retrouve identique dans l'esprit des révolutions françaises.

Cette histoire se déroulera devant nous, mes chers amis, et nous n'aurons pas à nous étonner si les grands hommes de la Révolution, lorsqu'ils proclamèrent l'unité de la patrie et l'abolition des petites constitutions provinciales, trouvèrent l'Alsace possédant un peuple passionné pour la liberté et une bourgeoisie habituée déjà à la pratique du gouvernement.

Nous devons donc commencer par ses antiquités.

Antiquités ! Archéologie ! Voilà de bien gros mots et qui sont tout gonflés d'ennui.

Eh bien, c'est à tort qu'on s'en fait une pareille idée. L'archéologie est une science, grâce à laquelle on peut reconstruire toute une époque au moyen des quelques ruines qu'elle a laissées. C'est certainement une des formes les plus attrayantes de l'histoire, en ce qu'elle laisse une certaine liberté à l'imagination.

Quelques pierres ayant conservé une ombre de forme ou d'ornementation, la moindre pièce d'armure faussée ou trouée, le plus petit lambeau d'étoffe, et cela suffit, à qui aime l'histoire et possède un peu d'ingéniosité dans l'esprit, pour ressusciter, comme avec une baguette magique, un des plus grands drames du passé.

L'Alsace, je le répète, est pleine de ruines qui témoignent de son origine gauloise, et je vais vous en indiquer quelques-unes dont il faudra vous souvenir, quand vous visiterez cet admirable pays.

En haut du Kantzley, un des pics des Vosges, dans le canton forestier qu'on appelait avant la Révolution le comté de Dabo, sur ce qu'on nomme le *Heidenschloss* ou château païen, situé entre Niederbronn et le fort de la Petite-Pierre, et dans beaucoup d'autres endroits encore, se trouvent d'énormes rochers dressés en piliers et terminés par une sorte de plate-forme. Ces pierres s'appelaient des *dolmens*, des *menhirs* ou *peulvans*, des *cromlechs*, suivant leur configuration. On distingue tantôt des trous et des rigoles qui les font communiquer entre eux, et alors il est certain qu'on est devant un de ces autels gaulois sur lesquels les druides égorgeaient les victimes humaines; tantôt des lignes parallèles ou concentriques, et alors c'est l'ancienne écriture mystérieuse et sacrée des druides.

Dans une de vos longues marches à travers les bois, vous vous arrêterez parfois à une fontaine rustique, et vous vous étonnerez de la forme grossière de la vasque : un morceau de rocher penché ressemblant assez à un œuf, dont l'un des bouts a été creusé et forme cuvette ; c'est quelque *dolmen incliné*.

Souvent aussi votre pied rencontrera une suite de pierres entourant un vaste espace. C'est ce qui reste d'un *Ring* ou enceinte sacrée. Le plus remarquable de ces rings est celui qui se trouve sur le Hohenberg ou montagne de Sainte-Odile et qu'on appelle dans le pays le *Heidenmauer* ou mur païen. Dans certains endroits, il a jusqu'à trois mètres de hauteur et un mètre cinquante d'épaisseur. Il entoure plus d'un million de mètres carrés, suit les crêtes les plus élevées et descend au fond d'immenses précipices. Ces pierres grossièrement équarries sont parfois rattachées les unes aux autres au moyen de tenons de chêne taillés en double queue d'aronde, c'est-à-dire comme des queues d'hirondelles entrecroisées les unes dans les autres. Quelques écrivains ont voulu voir dans ces tenons de bois un indice de l'origine romaine de ce mur. Mais les Romains n'employaient de semblables constructions que pour entourer leurs grands camps, et celle-ci est établie contre toutes les règles de la castramétation (1) romaine. Nous devons donc croire, avec le grand historien Schœpflin et les savants de Golbery et Schweighäuser, que ce sont bien les restes d'un ring gaulois, entourant un autel sacré, ou fortifiant une ville suivant les habitudes gauloises décrites par César lui-même.

Dans la plaine qui s'étend au pied du mont Terrible, entre Porrentruy et Courgenai, se trouve une pierre percée haute d'environ trois mètres et enchâssée primitivement dans une autre pierre horizontale. Le trou a une vingtaine de centimètres de diamètre, et une superstition accorde aux gens qui y passent la grâce d'être guéris de la colique. Cette pierre est druidique et offre encore une preuve de l'origine gauloise du pays. Une pierre semblable, qui existe dans le département de l'Oise, une autre à Try dans l'Eure, et enfin la table percée du Col de l'Échelle sur la route qui part de Briançon pour entrer en Piémont, prouve bien l'affinité de race entre les diverses populations qui habitaient ces contrées.

Nous pourrions, mes chers enfants, retrouver à chaque pas des monuments semblables. Il me suffira de vous dire, qu'avant la guerre qui arracha l'Alsace à la France, on avait reconstruit, en haut du Donon, une sorte de temple semblable à celui que

---

(1) Art de placer les camps.

les Romains y avaient voué autrefois au dieu Mercure. Dans l'intérieur de ce temple, ou plutôt, pour parler juste, au milieu de cette colonnade circulaire, on pouvait admirer une fort curieuse collection archéologique, due, en grande partie, aux recherches de M. le docteur Marchal, de Lorquin; cette collection prouvait victorieusement l'origine gauloise du pays.

L'endroit était du reste admirablement choisi.

Tout autour de ce temple, qui a dû être construit sur l'emplacement de quelque menhir révéré dans le pays, on retrouve les restes d'un ring sacré. Un peu sur la gauche est un petit bois de chênes, chose rare dans ce pays de sapins, et les paysans l'appellent encore aujourd'hui le *Bois des Druides*. C'est là que se célébraient les grands mystères et que les prêtres de nos ancêtres cueillaient le gui sacré avec les faucilles d'or. Plus bas est un vaste endroit dénudé, qu'on nomme indifféremment ou le *Vieux Marché* ou le *Marché Gaulois*.

C'est de là, mes enfants, que vous pourrez par la pensée faire revivre la vieille Alsace des temps primitifs. Du haut du Donon vous verrez, arrivant de Schirmeck, et remplissant la jolie vallée de Phramond et Grand'Fontaine, nos ancêtres les Gaulois, avec leurs cheveux roux, teints à la chaux, relevés sur le sommet de la tête, et leurs longues moustaches pendantes; vêtus de la saye, la blouse bleue d'aujourd'hui, caracolant sur de puissants chevaux autour de vastes chariots traînés par trois ou quatre paires de bœufs. Au-dessus des denrées ou des marchandises dont les voitures sont chargées, rient et bavardent les enfants et les femmes habillées de ces étoffes de laine, bigarrées de joyeuses couleurs, triomphe de l'industrie de la Gaule celtique.

Au milieu de ces gens, vous apercevrez, par ci par là, la tête ronde, la figure brune et sans barbe de quelque soldat romain, dont le camp est en haut de la montagne. Bien pris dans sa petite taille, chaussé crânement de la *caliga*, la courte épée sur la cuisse, il sourit aux femmes gauloises et leur montre d'un geste de dédain d'autres individus. Ceux-là portent de longs cheveux et laissent croître toute leur barbe; ils sont d'un blond filasse et marchent le torse à peine couvert par une série de colliers primitifs, composés de rondelles de cuivre et d'étain enfilées dans des lanières de cuir. Leurs jambes sont serrées, au moyen de bandelettes, dans des morceaux d'étoffe grossière. Sur leurs épaules est jetée une peau d'ours, de loup, d'aurochs ou de sanglier; la tête de l'animal formant la coiffure et appuyant les crocs, les boutoirs ou les cornes sur le front. Ce sont les mercenaires germains que l'armée romaine employait comme éclaireurs.

Oui, c'est l'Alsace antique qui revit. Elle se nommait alors la Gaule celtique ou la Gaule germanique, parce qu'elle confinait la Germanie. César, dans ses *Commentaires*, appelle ce pays *Optimus totius Galliæ*, « le meilleur de toute la Gaule, » et quand les Germains, à leur tour, l'envahissent pour la première fois, ils s'écrient, frappés par sa beauté : Edel Sass, *noble, beau séjour* : de là l'origine du nom *Alsace*.

C'était une bien grande imprudence de la part des Romains de prendre à leur solde ces barbares.

De l'autre côté du Rhin, au milieu des forêts touffues de la Teutonia, sur les rives des grands fleuves et jusqu'aux bords de la Baltique, grouillaient des peuples étranges, se nourrissant de poisson et de gibier à moitié crû, et de glands, ignorant la culture et le tissage, s'habillant de peaux de bêtes et sachant à peine dégrossir le fer. Quand des enfants de ces tribus revenaient au bercail, après avoir fait la guerre à la solde des maîtres du monde, ils contaient aux leurs des merveilles de ce bon pays frontière, couvert de cités florissantes, dont la terre était cultivée et qui produisait de tout, depuis le blé jusqu'au vin. Ces souvenirs tournaient en une sorte de nostalgie qui se gagnait autour des voyageurs, si bien que des sortes de poussées se produisirent de temps en temps.

Quelques milliers se hasardèrent en avant : ils furent écrasés. Mais la route était indiquée. Quand la première terreur fut calmée, d'autres flairèrent la piste et passèrent à leur tour. Une tribu, entre autres, celle des Triboques, de la famille des Franks Ripuaires, parvint à s'établir avec le consentement des Romains. Mais ces gens étaient en petit nombre; ils furent absorbés dans la population, et, au bout de quelque temps, à peine resta-t-il de ce mélange l'introduction de quelques expressions germaniques dans la langue indigène.

Cependant les villes conservaient les noms que les Romains leur avaient donnés, et ce n'est que lorsque les Germains se furent établis dans le pays que la *ville de Drusus* s'appela *Drusenheim*; que *Tabernæ*, qui veut dire *Camp d'hiver*, devint *Saverne*, et par suite *Tabernæ Rhenanæ*, le Camp près du Rhin, *Rheinzabern*, et *Tabernæ Montanæ*, le camp de la Montagne, *Berzabern*; que *Saletio* fut nommée *Seltz*; *Brocomagus*, *Brumath*; *Decempagi*, *Dieuze*, *Argentaria*, *Horbourg*; *Ellum*, *Hell*; *Mons Brisacius*, *Brisach*.

A propos de cette dernière ville, elle était autrefois de ce côté-ci du Rhin. Des fouilles, qui ont été faites dans les environs ont démontré, qu'à la suite d'un grand débordement, le Rhin avait changé de lit et qu'il était passé à gauche de la ville.

Un vieil historien appelé Luitprand, qui vivait au x° siècle, écrivait que Brisach, qu'il nomme *Brisagow*, est dans une île, entre deux bras du fleuve, et déjà célèbre par les siéges qu'elle a supportés.

Une autre preuve de l'origine gauloise de l'Alsace se trouve dans les légendes du pays, où toujours le rôle odieux ou ridicule est attribué à un Germain. Rien que dans cette antipathie native on trouve une preuve que, malgré l'analogie de langage, la source des deux populations n'est pas la même. Je vais plus loin, mes chers amis. Quoi qu'en puissent dire certaines personnes, je soutiens qu'il faut toujours tenir compte des légendes dans l'histoire des peuples, surtout pour la partie des temps où les gens qui écrivaient formaient l'exception et où le contrôle des faits enregistrés est à peu près impossible.

Mais pourquoi, me direz-vous, ne pas s'en tenir aux

histoires écrites de ce temps-là ? Je vais vous le dire.

Dans ces époques barbares, où la force seule comptait pour quelque chose, l'intelligence et le savoir ne pouvaient occuper cette position intermédiaire entre l'oppresseur et l'opprimé, si nécessaire à l'impartialité de l'historien. Prendre la défense du vaincu, c'était s'exposer à la persécution et à la misère. L'écrivain ne pouvait prétendre vivre de son métier dans des temps où les puissants de la terre se faisaient un honneur de ne savoir ni lire ni écrire car vous saurez que les actes publics, jusqu'au xiv° et au xv° siècle, portent à tout instant cette singulière mention :

Et le dit seigneur a apposé ci-dessous sa croix et son sceau, déclarant, en sa qualité de gentilhomme, ne pas savoir écrire.

Qu'arrivait-il ? C'est que les seuls individus capables de laisser des renseignements sur leur époque, étaient les religieux, ou quelques rares laïques attachés aux églises pour copier les actes et réparer les missels et les autres livres liturgiques usés par le temps ou effacés par l'usage. Mais ces gens ne vivaient que de la libéralité et de la protection des seigneurs, dont ils tenaient les archives de famille, dont ils enregistraient les faits, dont ils rédigeaient les volontés en lois, règlements ou ordres. Pour plaire à leurs protecteurs, beaucoup dénaturaient leurs mauvaises actions, et les plus honnêtes se contentaient de les passer sous silence.

Quand il est question du conquis dans leur histoire, c'est comme des autres propriétés du maître.

On ne le confond pas tout à fait avec le cheval ou le bœuf, mais c'est pour lui qu'on a inventé cette expression latine : VESTITUS TERRÆ, le *vêtement de la terre*. Si l'on s'occupe un peu de lui, c'est presque toujours à propos d'un massacre de révoltés, et ce sont les révoltés qui ont eu tous les torts. A peine si quelques honnêtes écrivains, par un silence transparent ou un mot tendre, laissent deviner leur pitié ou leur sympathie. Voilà pourquoi nous avons une histoire très-complète des rois et des nobles ; mais voilà pourquoi aussi nous n'avons pas encore une histoire des peuples.

Et cependant cette brute, qu'on appelait le *vêtement de la terre*, avait, comme ses maîtres, une tête et un cœur. Elle pensait et elle éprouvait. Elle avait le sentiment de la justice et l'amour de sa race.

Ces conquis, ces serfs, ces opprimés, eux aussi, sentaient le besoin de garder la mémoire de certains faits qui les touchaient de près et de certains hommes qu'ils avaient aimés ou qu'ils avaient haïs. Malheureusement leurs souvenirs n'avaient pas les honneurs de l'aristocratique écriture. Un naïf conteur les arrangeait tant bien que mal, et modifiés par les uns, enjolivés par les autres, mis en chansons par ceux-ci, en strophes par ceux-là, à force de passer de bouche en bouche, ils arrivaient aux lointains descendants, à travers une sorte de brume. La multiplicité et parfois l'exagération des détails ont fait seules contester le fond de ces histoires.

Ces légendes sont des récits de grandes douleurs, de persécutions, de révoltes, de crimes même, où les puissants jouent un vilain rôle. Voilà la seule raison qui fait que les intéressés veulent bien croire aux histoires écrites par ceux que payaient les bourreaux et haussent les épaules aux récits naïfs des poëtes des victimes. L'homme impartial doit tenir compte du témoignage des deux parties.

II

COMMENT LES PREMIERS ALLEMANDS VINRENT EN ALSACE

Je vais vous parler aujourd'hui des invasions.

Vous étiez bien jeunes pendant la grande invasion allemande de 1870, à la suite de laquelle nous avons perdu notre chère Alsace, et cependant vous devez vous souvenir de ce que l'on en a raconté devant vous. Eh bien, mes chers amis, à peu de différence près, les choses se passaient de même dans ces temps barbares. Nos armes modernes, n'effrayent pas par un aspect brutal, comme alors, et sont artistement faites, mais elles tuent de plus loin, et, au lieu d'abattre un homme, elles en abattent dix. On n'achève plus l'ennemi quand il est à terre, parce qu'il y a des chirurgiens qui peuvent le guérir, et puis aussi parce que, dans les combats d'armes à feu, on se bat sans colère, puisqu'on ne distingue même plus l'ennemi qui tombe. On ne passe plus tous les habitants d'une place au fil de l'épée, sous le prétexte qu'ils se sont défendus; mais on lance sur une ville fortifiée qui se défend des obus à balles, des boulets rouges et des bombes à pétrole, qui mettent le feu indifféremment partout, soit qu'ils tombent sur les retraites des femmes, sur les écoles des enfants, sur les hôpitaux des malades ou des vieillards, sur les bibliothèques où se trouvent les trésors de la science, ou sur les monuments qui sont les chefs-d'œuvre de l'art !

Seulement, comme les mœurs sont plus douces et la langue aussi, au lieu de dire brutalement : *le sac ou l'incendie d'une ville*, on appelle cela le *moment psychologique*, c'est-à-dire l'instant où l'agonie des enfants, les cris de douleur des mères, les malédictions des vieillards, le massacre en masse, de loin, sans que les défenseurs des remparts voient même leurs meurtriers, deviennent tellement horribles, que les cœurs des combattants sont glacés d'horreur, et qu'ils déposent les armes.

La première invasion germanique dont l'Alsace ait gardé le souvenir, date d'environ cinquante ans avant la naissance de Jésus-Christ. César avait reçu, pour cinq années, le commandement des troupes romaines dans la Gaule. Les tribus gauloises faisaient quelquefois des expéditions les unes contre les autres, et la tribu des Héduens, qui habitait le pays entourant Autun, était sous ce rapport turbulente, chicanière et pillarde. A chaque instant, elle avait maille à partir contre les Arvernes et les Séquaniens qui occupaient la Bresse, la Franche-Comté et le Haut-Rhin.

Un sentiment que l'on comprend empêchait les tribus attaquées de demander l'intervention des conquérants du pays contre des compatriotes, mais elles commirent une plus lourde faute encore. Elles sollicitèrent l'alliance d'un des peuples habitant l'autre côté du Rhin. Ces gens, qui vivaient au milieu des bois, saisirent avec empressement l'occasion qui leur était offerte de connaître ce beau pays parsemé de villes et de villages et, conduits par Arioviste, un de leurs chefs, ils passèrent le fleuve au nombre de quinze mille et occupèrent le Haut-Rhin. Cet exemple fut aussitôt suivi, et les *Harricides*, qui ont donné leur nom à la forêt de la Hart, fondirent à leur tour sur le pays.

Afin de ne pas être débordé et d'avoir une sorte de titre qui légitimât son acte, Arioviste envoya des ambassadeurs auprès du sénat romain, qui lui conféra le titre de roi et le reconnut comme allié de la République.

Le bruit de ce succès se répandit bientôt parmi les autres tribus germaines, et elles délibérèrent sur ce qu'il y avait à faire.

Quand une tribu avait décidé de quitter l'endroit qu'elle habitait, chacun chargeait ce qu'il possédait sur des chariots, qu'on attelait de bœufs ou de grands chiens. Par-dessus les objets, on installait les femmes et les enfants; puis les hommes, après s'être armés, prenaient leur rang de bataille, les gens de pied autour des chars, ceux qui possédaient un cheval de chaque côté sur les flancs de la colonne.

Alors le *Konung*, dont on a fait plus tard *Kænig*, mot auquel on a donné la signification de *roi*, et qui n'était que le chef élu, alors, dis-je, le *Konung* entrait dans le champ entouré d'un fossé où l'on enterrait les morts; il arrachait une touffe d'herbe, la lançait par-dessus son épaule, et d'un bond franchissait l'enceinte. C'était l'adieu aux aïeux. Toute la tribu poussait de grands cris, puis, les guerriers entonnant le *Bardit* ou chant de guerre, on se mettait en marche.

Les armes étaient primitives : l'épieu en bois durci au feu, et la fronde pour les hommes de pied, la hache pour les cavaliers; pour tous le bouclier, formé d'une peau d'aurochs, taureau sauvage, dont la race ne se trouve plus qu'en Russie.

Sur ce bouclier, ces gens avaient l'habitude de clouer, en souvenir d'un acte de bravoure ou d'adresse, un animal quelconque, un oiseau ou un reptile, un aigle, un épervier, un corbeau, une chouette, un serpent, quelquefois une patte d'ours ou de loup. C'est là la véritable origine des armoiries. En tête de la colonne à deux ou trois lieues parfois, sondant le pays pour ainsi dire et déterminant la route à suivre, couraient, montés sur de rapides chevaux, des éclaireurs pris parmi ceux qui avaient été à la solde de Rome, et qui par conséquent connaissaient le pays, ou parmi les rôdeurs envoyés comme espions, et auxquels les Romains rasaient la barbe et les cheveux quand ils les prenaient, ce qui pour eux était un signe d'infamie.

Ces cavaliers prévenaient le gros de l'armée par des appels convenus; ils marchaient presque toujours sous bois, et imitaient les cris des corbeaux, des chouettes, les hurlements des loups.

Voyant donc la facilité avec laquelle Arioviste avait passé le Rhin, les Helvètes qui donnèrent leur nom à l'Helvétie, les Rauracs qui habitaient aux environs de Bâle, les Grisons, les Turiniens qui furent les Zuricois, les Boïens, ancienne tribu gauloise qui avait émigré en Germanie et qui devint la nation bavaroise, jurèrent une alliance, brûlèrent leurs huttes et leurs provisions, et se mirent en route à leur tour. Ils étaient trois cent soixante-huit mille individus, hommes, femmes et enfants, et, parmi eux, on pouvait compter deux cent mille guerriers.

César était à Rome quand il apprit l'entrée de ces barbares dans la Gaule. Il partit immédiatement. Les Séquaniens avaient été obligés de leur livrer passage le long de la Saône, et il arriva au moment où ils traversaient la rivière. Ils étaient divisés en quatre cantons. César tomba sur les Tiguriniens avec des troupes légères et il les écrasa. Les autres demandèrent la paix. Mais ils refusèrent de rendre les otages qu'ils avaient l'habitude de prendre quand ils envahissaient une contrée. César les tailla en pièces et les força à retourner chez eux.

La Gaule était sauvée; mais les yeux commençaient à s'ouvrir sur la cause première du danger. Les tribus gauloises s'assemblèrent et nommèrent des députés chargés d'aller trouver César pour s'entendre avec lui sur les mesures à prendre.

Divitiac était l'un de ces députés. C'était un patriote ardent. Il représenta au généralissime romain que la faiblesse du Sénat, en reconnaissant l'usurpation d'Arioviste, avait été un encouragement pour les autres chefs germains; que ce chef, non content du tiers des territoires des Séquaniens qu'il occupait, demandait encore un deuxième tiers; qu'une fois en possession de la Franche-Comté, il ne serait plus séparé que par le Rhône de la Gaule lyonnaise et qu'il la menacerait sans cesse; que d'ailleurs ces gens ne s'occupaient qu'avec répugnance d'autre chose que de guerre et de chasse; qu'ils visaient à s'établir dans les riches contrées bien cultivées, afin de les peupler en peu de temps de leurs innombrables enfants et d'en prendre ainsi complète possession; que le danger était très grand, et qu'il fallait prendre des mesures énergiques, si l'on ne voulait pas finir par les voir s'emparer de la Gaule tout entière.

Le chef gaulois convainquit César de la nécessité qu'il y avait à marcher immédiatement sur Arioviste, et à le rejeter hors du territoire.

Cependant, dans l'assemblée, il y eut une opposition. La grande Rome des beaux jours de la république n'existait déjà plus. Les fils des grandes familles commençaient à prendre ces mœurs dissolues qui ont été la honte de l'empire romain. Ceux qui avaient suivi César dans son expédition, avaient espéré que la campagne serait courte et bonne : c'est-à-dire qu'elle leur permettrait de rapporter du butin en quantité, pris indifféremment sur les envahisseurs ou les envahis, et qu'elle leur procurerait de la gloire à bon marché. Mais c'était autre chose d'attaquer Arioviste, un chef d'armée ayant des qualités militaires et commandant à des guerriers disciplinés et déjà en possession d'un grand territoire.

« D'ailleurs, firent-ils observer, à tort ou à raison

le Sénat lui a reconnu le titre d'allié du peuple romain, et, dans ces conditions, ce serait une grave détermination que de commencer une campagne. »

César, se sentant appuyé par les Gaulois, comprit quelle gloire et quel profit il y aurait pour lui dans une pareille guerre. Il se retourna donc vers ces Romains dégénérés qui formaient son état-major et qui composaient les cadres de la garde d'honneur qu'on appelait la cohorte prétorienne et il leur dit qu'ils étaient libres de l'abandonner, ajoutant :

« Je me contenterai de ma brave 10ᵉ légion, qui me servira de cohorte prétorienne. »

Cette 10ᵉ légion était composée de Gaulois et principalement de gens de la Gaule Celtique.

A cette déclaration les soldats romains reprochèrent leur lâcheté à leurs capitaines et s'écrièrent qu'ils étaient prêts à marcher à l'ennemi.

César fit alors demander une entrevue au chef germain.

Celui-ci, fou de vanité, répondit que, s'il avait à parler à César, il irait le trouver; mais que, puisque c'était le contraire qui avait lieu, César n'avait qu'à se déranger.

César connaissait la prodigieuse vanité des Germains dans le plus mince succès, et, avec sa finesse d'Italien, il avait prévu la grossière réponse du barbare. Il avait donc le beau rôle.

Il lui écrivit alors avec calme et fermeté, au nom du Sénat et du peuple romain, qu'il le rendait désormais personnellement responsable de toutes les invasions tentées par ceux de sa race; qu'il lui défendait de commettre des exactions contre le peuple de la Gaule, que le peuple romain considérait comme son frère, et qu'enfin il lui ordonnait de rendre les otages qu'il avait pris sur les Héduens.

Le chef germain répondit, 58 ans avant Jésus-Christ, ce qu'un autre chef germain devait répondre 1870 ans après Jésus-Christ : *La victoire justifie tout*, dit Arioviste, ce qui en langage plus moderne peut se traduire par : *La force prime le droit*.

Aussitôt en possession de cette réponse, César leva le camp et marcha rapidement sur Besançon, capitale des Séquaniens. Ayant appris que le Germain prenait également cette direction, il doubla les étapes, arriva bien avant lui, ravitailla son armée de tout ce dont elle manquait, et, après l'avoir fait reposer le temps nécessaire, reprit sa marche forcée; seulement il fit un détour de trente lieues environ, afin d'éviter les bois et les défilés qu'il supposait tenus par les Barbares, et arriva en Alsace, près de Belfort, après une marche foudroyante de sept jours. Il s'empara de suite de tous les passages des Vosges, donnant ainsi une leçon de stratégie que les généraux français n'ont pas suivie dans la guerre de 1870.

Arioviste était campé près de l'endroit où s'élève aujourd'hui Colmar, et, dès qu'il apprit l'arrivée de César, il lui fit dire qu'il acceptait son entrevue. Le Romain différa de quelques jours sa réponse, afin de reconnaître le terrain et d'asseoir ses positions. Quand ce fut fait, il fit savoir au chef germain qu'il acceptait.

Devant paraître devant un des plus hauts fonctionnaires de cette Rome dont le prestige s'étendait jusque sur les peuplades les plus sauvages, le barbare se figura qu'il allait avoir affaire à un homme grand, beau, fort, luxueusement vêtu, qui allait essayer de lui en imposer par son faste, et il s'était préparé à faire également grande figure. Il était de haute taille, et avait l'air intrépide. Il revêtit donc son plus beau costume de guerre, prit ses armes les plus brillantes, monta sur un cheval superbe, et, escorté d'un nombreux état-major, il arriva au rendez-vous.

Sa déception fut grande quand il fut en présence du général romain. César était un petit homme, maigre, chauve, à la chair blanche et molle, et tombant du haut mal, dit Plutarque. Il paraissait d'autant plus frêle qu'il faisait tenir à la main, par un de ses officiers, la petite épée romaine, qu'il ne ceignait que sur le champ de bataille. De plus, il était simple dans sa mise et il parla peu, étant venu plutôt pour observer que pour paraître. En se comparant, lui, un colosse, à cet homme chétif, Arioviste sentit toute la morgue germanique lui monter au cerveau, et, avec une arrogance folle, il déclara à César que, s'il n'évacuait pas son territoire au plus tôt, il le jetterait dehors.

Après avoir fait quelques réponses insignifiantes, celui-ci se retira, décidé à en finir rapidement. Toute la nuit, dans le chariot qui lui servait de demeure en campagne, il travailla avec ses lieutenants et ses aides de camp et prépara la bataille. En face de lui, Arioviste interrogeait les sorcières pour savoir ce que déciderait le Dieu de la guerre. Les sorcières déclarèrent qu'il serait vaincu s'il livrait la bataille avant la nouvelle lune.

César avait des espions dans le camp barbare, et il fut averti de la chose, au moment même où son adversaire, dans le but de gagner du temps, lui faisait demander une deuxième entrevue. Il envoya un de ses officiers d'ordonnance. Le Germain, devant cette marque de dédain, fit enchaîner le parlementaire, leva son camp, et recula de quatre lieues pour s'appuyer à la montagne. Le lendemain, par un mouvement oblique en avant, il opéra une conversion et essaya de déborder une des ailes de l'armée gallo-romaine. Ce mouvement tournant, qui a toujours été une des principales tactiques des Germains, nécessite, de leur côté, on le comprend, un nombre plus considérable de combattants.

César comprit le mouvement, changea son front de bataille, et repoussa une première attaque. L'ennemi ne la renouvela pas. L'arrêt des sorcières avait frappé son esprit, et il allait évidemment chercher tous les moyens de gagner du temps pour arriver à la nouvelle lune. De son côté, le Romain voulut profiter aussi de l'avantage que lui donnait cette superstition qui avait frappé l'esprit des barbares, et, au bout de quelques jours, par une audacieuse marche en avant, il obligea Arioviste à accepter la bataille.

Celui-ci lança sur l'armée romaine ses cinq corps d'armée à la fois. Ces cinq corps étaient pour ainsi dire soudés les uns aux autres, par les boucliers que les premiers rangs avaient plantés en terre verticalement, et que les autres tenaient horizontalement au-dessus des têtes, de manière à former un toit. Ces forteresses vivantes paralysèrent un instant les soldats de César, qui commençaient déjà à plier, quand quelqus-uns eurent l'idée de s'élancer sur les boucliers de dessus qui formaient une plate-forme. Les rangs des barbares étaient tellement pressés qu'ils ne plièrent pas. L'exemple fut suivi. Les Romains couraient sur les boucliers, les glaives s'enfonçaient dans ler interstices, ressortaient rouges jusqu'à la garde, et des ruisseaux de sang inondaient la terre. Les cadavres ne pouvaient s'affaisser. Enfin la citadelle humaine se détraqua et la déroute fut aussi meurtrière que le combat; la cavalerie acheva ce que l'infanterie ne put tuer. Ce ne fut pas une bataille, ce fut une boucherie. César avait ordonné de ne pas faire de quartier.

Quatre-vingt-dix mille cadavres restèrent couchés dans la plaine qui s'étend entre Colmar et Ensisheim, et ceux qui ne se noyèrent pas en traversant le Rhin allèrent annoncer aux tribus germaines la terrible leçon infligée aux envahisseurs.

César établit un de ces grands camps retranchés que les Romains appelaient *Tabernæ* à l'endroit même où se trouve aujourd'hui Saverne.

Malgré cette ceinture de fortifications le pays n'était pas tranquilles. Les Germains ne risquaient pas de grandes invasions, mais ils faisaient à chaque instant des incursions, pillaient les habitants paisibles et repassaient le fleuve chargés de butin.

On prenait tous les moyens pour les punir et les

terrifier, rien n'y faisait. On leur imposait les serments les plus sacrés, ils les violaient. On les obligea à livrer en otage les filles de leurs chefs les plus illustres; ils les livrèrent, mais n'en continuèrent pas moins leurs maraudes.

On essaya enfin de les civiliser, en permettant à une quarantaine de mille d'entre eux de passer la frontière et de s'établir dans le pays. C'est de là que date probablement l'invasion de l'élément germanique dans la langue qui se parlait en Alsace. Ces gens se fondirent peu à peu dans la population.

Cependant, afin de mieux les surveiller, Quintilius Varus s'établit avec trois légions, au sein même de leur pays, sur les bords du Weser. A partir de ce moment, ils feignirent de rester tranquilles et le général romain, se laissant prendre à leur semblant de sagesse, les considéra comme pacifiés. Au lieu d'agir avec politique envers ce peuple susceptible, il lui appliqua la procédure romaine et mit en pratique à leur égard les peines corporelles. Cependant un de leurs jeunes chefs, nommé Hermann, d'où les Romains ont fait Aminius, organisa une vaste conspiration. Avec une grande habileté, il attira Varus dans l'intérieur du pays, et quand, s'apercevant du piége, le général voulut battre en retraite, les Germains l'assaillirent dans la forêt de Teutoburg. Voyant qu'il était perdu avec ses cinquante mille hommes, Quintilius Varus se passa son épée au travers du corps. Ceci se passait en l'an 9 après Jésus-Christ, sous le règne de l'empereur Auguste.

C'est le premier échec aux armes romaines, échec qui fut terrible dans ses conséquences.

C'est là, mes enfants, que se trouve la punition des nations conquérantes. Lorsque l'on n'a basé le droit de gouverner que sur la force, on est condamné à être toujours le plus fort. A la moindre défaite, les anciens vaincus se souviennent de leur indépendance perdue, le respect qui n'était fondé que sur la peur disparaît avec elle, et le moment de la délivrance apparaît dans l'esprit de ceux-là même qui, par désespoir ou par intérêt, s'étaient depuis longtemps soumis avec plus de docilité au joug des conquérants.

La grande république romaine était forte. Le premier empereur, César-Auguste, neveu de César, avait eu avec le rayonnement de son nom une certaine grandeur, mais il comprit que cette défaite était un coup terrible porté au prestige de Rome, car les dernières paroles de son agonie étaient :

« Varus, Varus, rends-moi mes légions !

En effet, peu à peu l'empire tombe aux mains des plus indignes, et ce sont les soldats de l'armée de Germanie qui prennent l'habitude d'imposer les hommes de leur choix à la patrie. Et quels choix ! Le sentiment de la grandeur nationale a disparu.

Les premiers usurpateurs sont presque toujours des généraux de génie, autour desquels une armée jouit des profits que donne la victoire. Mais le génie est chose rare et l'on s'habitue facilement aux profits. A défaut de chefs victorieux, les armées s'engouent de chefs complaisants qui laissent relâcher la discipline et ne répriment plus les mauvais instincts. Ce n'est plus sur l'ennemi que se font les butins, c'est sur les habitants paisibles.

Un jour un jeune officier de l'armée romaine, Cœcina, présente aux acclamations du camp, Vitellius, un misérable lâche, ivre douze heures par jour, endormi le reste du temps, et à l'ombre duquel il espère gouverner l'empire. Les soldats le saluent empereur, et Cœcina décide qu'il ira l'installer lui-même à Rome. Il marche contre sa patrie, à la tête de l'armée qu'elle lui a confiée pour la défendre, et, à son entrée en Italie, il rencontre l'empereur Othon, élu par le Sénat, le bat complétement, et le vaincu se tue. Il continue sa marche sur Rome, plaçant à l'avant-garde les contingents gaulois de la Haute et de la Basse Alsace.

Cette fois c'était les anciens peuples conquis par Rome qui venaient lui imposer un maître. Quelle dut être l'impression des vieux Romains, de ceux qui se souvenaient encore de la gloire passée, lorsqu'ils virent entrer dans la ville sacrée ces terribles Gaulois que Camille avait chassés autrefois, et tous ces peuples barbares que la grande république avait soumis. Imaginons-nous un général d'Afrique usurpant l'autorité et entrant dans Paris, en lançant une avant-garde de Bedouins et de Kabyles à travers les rues. Voilà à quel attentat les Romains dégénérés assistèrent.

C'est ce moment que choisit un patriote Civilis, un chef de la tribu des Bataves, qui devinrent les Hollandais, pour tâcher de secouer le joug des anciens maîtres du monde. Il eut l'air de soutenir Vespasien, un autre candidat à l'empire. Il attaqua une première fois les troupes romaines et les battit. A cette nouvelle tous les peuples de l'ancienne Gaule celtique, c'est-à-dire ceux de la Haute et de la Basse Alsace, se soulevèrent. Civilis enflammait les courages, criant que l'heure de la délivrance avait sonné, que l'homme naissait libre, que, si c'était un crime d'attenter à la liberté des autres, c'était une honte de ne pas défendre la sienne, que, lorsqu'un peuple voulait, il pouvait. Il marcha de succès en succès, car l'habitude des coups d'état avait détruit le prestige et la force des armées romaines. Les soldats, excités par les prétendants contre leurs propres concitoyens, n'avaient plus que des haines politiques, et étaient sans courroux contre les ennemis de la patrie. Puis la confiance dans les chefs disparaissait. On avait un maître et c'était à qui serait son favori. Quand un chef était attaqué, son collègue le laissait dans l'embarras jusqu'au moment où, en intervenant, il avait l'air d'un sauveur.

Civilis sut profiter de tous ces vices de la décadence. Il attira même dans son parti trois généraux romains et promit son alliance aux chefs de l'autre côté du Rhin, s'ils voulaient l'aider à fonder l'empire des Gaules. Toute la Gaule commençait à se soulever quand les Séquaniens, toujours fidèles aux Romains, firent défection et firent essuyer au patriote une première défaite. Cela donna aux immenses secours que rassemblait Rome, le temps d'arriver, et Civilis fut écrasé.

A la suite de cette tentative, le feu ravagea tout, et

c'est à peine s'il resta en Alsace quelques hameaux. L'Alsace rentra dans la tranquillité. Si l'on peut appeler de ce nom cette espèce d'apathie qui prend les peuples soumis, lorsqu'ils commencent à gagner les vices de leurs conquérants.

III

LES FRANKS EN ALSACE

Les nations qui ne basent leur grandeur que sur la puissance militaire, et qui ne font pas entrer en ligne de compte l'influence du travail, de l'industrie, des sciences, en un mot de tout ce qui constitue la gloire de la paix, sont appelées à descendre fatalement du rang que leur a assigné la force. Le triomphe brutal développe les appétits; lorsqu'on n'a rien à vaincre, on veut jouir; la jouissance amène la mollesse, la mollesse conduit à la faiblesse, et la faiblesse à la mort. C'est ce qui arriva pour Rome. Nous avons déjà vu dans nos entretiens précédents qu'avilie par les successeurs d'Auguste, elle était tombée à la merci des légions.

Les Germains n'ont garde de laisser échapper toutes les occasions d'envahir la Gaule, et il est tellement prouvé que le Rhin est la barrière naturelle, que c'est là que commandent toujours les généraux d'avenir, les empereurs du lendemain. Voici un aperçu de la fréquence de ces invasions et les noms de tous ceux qui les ont repoussées. Nous ne parlerons pas de quelques misérables empereurs qui rachetaient espèces sonnantes le départ des Allemands.

En 217, c'est Caracalla qui les chasse; en 237, Maximien; en 265, Posthumus; quelques années après, Aurélien; en 282, c'est Probus. Celui-ci payait une pièce d'or chaque tête de Germain qu'on lui apportait. Il livra une bataille terrible à neuf chefs allemands, et, comme son armée était affaiblie par une famine, une légende prétend que pendant la bataille il arriva une pluie miraculeuse, dans laquelle chaque goutte d'eau contenait un grain de blé. En 287, c'est Maximien; en 301, Constance Chlore; en 304, Constantin; en 354, Constance fils du précédent; trois ans après, en 357, Julien, que l'histoire appelle l'*Apostat*, les chasse une première fois, après leur avoir fait essuyer une effroyable défaite; puis il passe chez eux et il y porte le fer et le feu, ne s'arrêtant que lorsque leurs chefs viennent s'humilier et jurer la paix. Au bout de trois années, ils recommencent à remuer, et Vadonaire, un de ces chefs, ourdit une conspiration. Il a l'imprudence de passer le Rhin; Julien le fait prendre et l'interne dans une ville d'Espagne, puis il fortifie Saverne. En 367, sous Valentinien, les Germains passent le Rhin sur la glace et écrasent l'armée romaine; l'empereur leur inflige une leçon et construit une ligne de forteresses le long du Rhin et des Vosges. En juillet 374, il date une de ses lois de l'un de ces forts nommé *Robur* (le Chêne), situé près de Bâle. Malgré toutes ces précautions, son successeur, Gratien, apprenant qu'ils ont de nouveau passé le fleuve, marche sur eux et les écrase près de Colmar, en 378. Sous le fils de

Théodose, Honorius, il n'y a plus de sécurité, car Stilicon, son général, un Vandale d'origine, fait la paix avec les Germains, dégarnit les forteresses et les camps retranchés qui gardent les bords du Rhin, et invite même les Vandales ses compatriotes, aujourd'hui les Prussiens, les Suèves qui sont les Souabes, les Alains, et d'autres peuples encore, à venir en Alsace; rien ne résiste au torrent, et Strabourg même est pris. Bien que cette tourbe soit écrasée à Cambrai, Rome comprend que désormais elle n'est plus sûre des frontières de la Gaule.

Les invasions deviennent régulières. Les Barbares sentent bien que l'empire n'est plus, comme dans les premiers temps, la récompense du plus brave, mais uniquement le moyen pour les intrigants de satisfaire leurs appétits. Chaque fois que le pouvoir est vacant, et la chose se présente à chaque instant, les partis se font la guerre, et les grands intérêts de la patrie sont oubliés par ceux auxquels ils ont été confiés. Naturellement les ennemis de Rome saisissent l'occasion avec empressement. Les Burgondes ou Bourguignons, qui se prétendaient d'origine romaine, avaient fini par obtenir l'autorisation d'occuper l'Alsace. Depuis quelque temps même, une petite tribu de la grande famille germanique, qu'on appelait les Franks Saliens, parce qu'ils étaient venus des bords de la Sala, aujourd'hui l'Yssel, avait passé le fleuve plus haut, et, après avoir campé vers la Gaule Belgique, sur les bords de l'Escaut et de la Meuse, s'était étendue jusqu'à la Somme.

Or vers 451 des foules effarées passèrent le Rhin

dans l'espace compris entre Seltz et Bâle, qui par une négligence inconcevable se trouvait dégarni de troupes. Ces gens semblaient fous de terreur. Ils poussaient droit devant eux, ne sachant où ils allaient, et prétendaient qu'ils étaient refoulés par un peuple étrange, innombrable, parlant une langue inconnue, peuple brun et qui s'avançait formidable vers le Rhin; broyant tout ce qui s'opposait à sa marche.

C'étaient les Huns qui arrivaient du fond de la Pannonie, contrée qui est devenue aujourd'hui la Hongrie, la Moldo-Valachie, la Bulgarie. Ils étaient d'origine asiatique, car leurs cheveux étaient noirs, leur teint jaune et huileux, leurs yeux petits, bridés, et tirés vers le haut, leurs pommettes et leurs mâchoires saillantes. Vêtus de peaux de bêtes, le poil en dehors, armés formidablement, marchant avec discipline, divisés en *hordes* ou corps d'armée, ils obéissaient à un chef qui s'était donné lui-même le nom de *fléau de Dieu*. Cet homme, petit de taille, laid de visage, ayant des bras d'une longueur démesurée, mais dont les yeux brillaient du feu du génie, marchait au milieu de la Horde d'Or, composée de l'élite des guerriers ; c'était Attila.

L'hiver était rigoureux: il passa le Rhin sur la glace et marcha droit sur Argentoratum, qui était une des places les plus importantes pour les Romains, tant à cause de sa position qu'à cause de sa fabrique de lances, de javelots, de sabres, de casques et de cuirasses. Elle résista et infligea même un échec à la Horde d'Or. Alors Attila divisa son armée en neuf colonnes d'attaque et les lança sur la ville, en leur donnant l'ordre de détruire par le fer et le feu tout ce qui s'opposerait à leur marche. Quand ils furent passés, les neuf routes qu'avaient prises les neuf colonnes étaient marquées par des cendres et du sang. C'étaient neuf rues, terribles, sinistres à voir. *Strass* veut dire *rue* en allemand; c'est à partir de ce moment qu'Argentoratum prit le nom de *Strassbourg*, *la ville des rues*.

Aétius gouvernait alors la Gaule. L'empire romain, s'était dédoublé, vous le savez, autrefois, au profit des deux fils de Théodose, en empire d'Orient et en empire d'Occident, et si les Huns étaient inconnus à l'empire d'Occident, celui d'Orient les connaissait bien, lui, car l'empereur avait donné à ce sauvage sa propre fille en mariage afin d'acheter son alliance.

Aétius battit en retraite, pour donner le temps aux contingents gaulois et bourguignons de rejoindre son corps d'armée, et dès que la jonction fut opérée, il s'établit dans les plaines de Châlons-sur-Marne et attendit l'envahisseur.

Celui-ci ne tarda pas. La bataille s'engagea avec une fureur dont rien ne peut donner l'idée, et déjà l'armée d'Aétius commençait à plier, quand le général romain sentit que les barbares faiblissaient : il embrassa d'un coup d'œil l'immense champ de bataille et s'aperçut que de nouveaux combattants, qu'il n'attendait pas, venaient d'intervenir et attaquaient les Huns avec une sauvage intrépidité.

Ils chantaient leur *bardit* ou chant de guerre :

« Faramond ! Faramond ! nous avons combattu avec l'épée !

« Nous avons lancé la frankisque à deux tranchants ; la sueur tombait du front des guerriers et ruisselait le long de leurs bras. Les aigles et les oiseaux aux pieds jaunes poussaient des cris de joie ; le corbeau nageait dans le sang : tout l'Océan n'était qu'une plaie. Les vierges ont pleuré longtemps.

« Faramond ! Faramond ! nous avons combattu avec l'épée. Nos pères sont morts dans les batailles, tous les vautours en ont gémi ; nos pères les rassasiaient de carnage. Choisissons des femmes dont le lait soit du sang et qui remplissent de valeur le cœur de nos fils. Faramond, le bardit est achevé, les heures de la vie s'écoulent : nous sourirons quand il faudra mourir. »

C'étaient les Franks Saliens qui, sous la conduite du Konung Mérowig, étaient arrivés sur le champ de bataille.

Leur intervention inattendue décida de la victoire. Les Huns furent disloqués, écrasés. Les Franks ne firent aucun quartier et ils les poursuivirent jusqu'au Rhin. On compta, dans les plaines de Châlons, jusqu'à cent soixante mille morts, et, si l'on y ajoutait le chiffre de ceux qui furent massacrés après la déroute, on arriverait à un nombre effrayant.

Vous savez, par l'histoire de France, ce qu'étaient ces Franks, dont le nom signifie *fiers, féroces, braves*. Bien qu'appartenant à la grande famille germanique, ils prétendaient être plus nobles et s'être conservés purs de tout contact avec le ramassis de peuples, auxquels on donna plus tard le nom d'Allemands, *Alle-maenner* (hommes de toutes sortes). Ils étaient plus beaux et étaient fiers de leur beauté. Quant à leur intrépidité, elle était d'autant plus grande qu'ils croyaient fermement que ceux qui tombaient sur les champs de bataille étaient reçus, après leur mort, dans le merveilleux palais d'Odin, leur dieu, et que l'éternité était consacrée à boire l'hydromel et la bière et à fêter tous les guerriers morts sous les armes.

C'étaient les violateurs les plus effrontés de la frontière, que leurs jeunes gens s'amusaient à franchir la nuit pour venir espionner la garnison romaine et piller les habitants. Quand les Romains les prenaient, ils leur coupaient les cheveux et la moustache, qu'ils portaient seule à l'exemple des Gaulois; ils attendaient alors dans les bois que leur poil fût repoussé avant de regagner leur tribu, afin de ne pas paraître devant les leurs avec une marque d'infamie

Sous les ordres d'un de leurs chefs Klodio (dont on a fait Clodion), ils avaient passé le Rhin en grand nombre, étaient entrés dans la forêt Charbonnière, s'étaient emparé de Tournai, puis de Cambrai, où ils s'étaient installés, après avoir mis à mort tous les Romains; puis ils s'étaient emparé de tout le pays jusqu'à la Somme.

Le vieil auteur qui raconte ces détails dit :

« En ces jours-là, les Romains habitaient depuis le fleuve du Rhin jusqu'au fleuve de la Loire; et depuis le fleuve de la Loire habitaient les Goths; les Burgundes, qui étaient ariens comme eux, habitaient de l'autre côté du Rhône. »

Cette expression *de l'autre côté du Rhône* indique évidemment que l'auteur habitait la rive gauche et qu'il désigne l'emplacement qui s'appelle Bourgogne aujourd'hui. Merowig (Mérovée), qui intervint si heureusement pendant la grande bataille contre Attila, était probablement le successeur de ce Klodio.

En récompense du service qu'ils avaient rendus, les Romains leur reconnurent leurs possessions dans les Gaules.

L'empire devenait impuissant. Depuis la conversion au christianisme, toutes les intelligences avaient peu à peu abandonné l'étude de la grande politique et des armes pour les disputes religieuses. Mais la finesse et l'esprit d'intrigue suppléait jusqu'à un certain point à ces lacunes.

Le vieux Mérowig était mort, et son fils Hilderick lui avait succédé. Il est bien entendu, mes chers amis, que *succéder* ne veut pas dire hériter. Le commandement n'était pas héréditaire chez les Franks, il était électif. C'était un peuple fier et jaloux de la liberté. Le chef était élu, puis placé debout sur un bouclier et promené ainsi sur les épaules de quatre guerriers illustres autour du camp. Mais par cela même qu'ils avaient le droit d'élever un chef, ils se réservaient le droit de le renverser et de le chasser du camp, désarmé, et placé sous les boucliers.

Aetius aussi était mort et était remplacé par Ægidius. Celui-ci fit surveiller Hilderik, qui était un homme débauché, et il fit connaître à un chef salien que sa fille avait été enlevée par le konung. De là grand émoi parmi les Franks. Ils citèrent Hilderik à comparaître devant eux, dans un maal ou assemblée de la nation, le déposèrent et le chassèrent sous les boucliers.

Vous avez appris que ce chef, que l'on considère à tort comme un roi de France, se réfugia pendant quelque temps en Thuringe, mais qu'il revint clandestinement, et, après avoir repris son commandement, battit Ægidius et les troupes romaines. C'est de son successeur Hlodowik ou Clovis que date la fondation d'un état. Celui-là, après avoir assuré la possession des territoires qu'occupaient les siens par la défaite de Siagrius, le fils de cet Ægidius qu'avait vaincu son père, se porta au-devant des Germains qui venaient de passer le Rhin pour partager les dépouilles de l'empire. Clovis les écrasa, les uns disent à Tolbiac, aujourd'hui Zulpic, à quelques lieues de Cologne, les autres auprès de Strasbourg. Ces derniers ont probablement raison, car c'est à la suite de cette bataille que, pris de passion pour l'Alsace, les konungs ou rois franks commencent à l'habiter.

Hlodowig, après sa conversion au christianisme, fit bâtir la première cathédrale à Strasbourg. C'était un monument qui, vous le pensez bien, n'avait rien de commun avec celui d'aujourd'hui. Il se fit construire en outre une habitation, qu'il occupait quand il venait dans la saison des grandes chasses, et qu'on nommait *Franckenbourg*, le château des Franks. Ses ruines se trouvent sur la montagne qui domine le Val de Villé.

Le nom de Hlodowig signifie le *guerrier au crapaud*. Je vous ai parlé de l'habitude que les Germains avaient de clouer un animal sur leurs boucliers, habitude qui a donné naissance aux armoiries. Hlodowig avait un crapaud dans les siennes, et l'image de cet animal a été retrouvée sur des vestiges du château de Frankenbourg; l'un des vitraux de la première cathédrale de Strasbourg portait trois crapauds en souvenir de son fondateur. On a dit qu'il était le premier qui eût porté des fleurs de lis dans ses armes, c'est une erreur. D'ailleurs, si l'on se représente la forme de cet animal dessinée par une main inhabile, on reconnaîtra qu'avec l'art qui est venu assouplir les contours et imprimer plus de grâce aux formes, le dessin du crapaud a plus d'analogie avec l'ornementation en question qu'avec la fleur du lis dont elle porte le nom.

C'est ce qui prouve, qu'avec un peu de bonne volonté, on peut arriver à poétiser les choses les plus prosaïques. D'ailleurs avec ce rude nom frank de Hlodowig, en passant par le romain Ludovicus, n'est-on pas arrivé à faire les jolis noms français de Loïs et de Louis?

Clovis réunit donc l'Alsace à l'empire franck et l'administra jusqu'en 511.

511. Théoderick, l'aîné de ses quatre fils, mais qui n'était pas de Clotilde, la gouverne comme roi de l'Austrasie dont elle fait partie.

534. Théodebert succède à son père.

548. Théobald, son fils, qui lui succède, meurt sans enfants au bout de sept ans.

555. Chloter Ier, deuxième fils du grand Clovis, hérite du royaume d'Austrasie en sa qualité de grand-oncle de Théobald.

561. A sa mort, l'Alsace passe avec l'Austrasie aux mains de l'un de ses fils, Sighebert Ier, que son frère Hilperick fait assassiner.

575. Hildebert son fils lui succède.

596. Théoderick II, deuxième fils de Hildebert, reçoit de son père la Bourgogne et l'Alsace, mais, par le traité de Seltz, il la cède à son frère Théodebert II, qui était roi du reste de l'Austrasie.

610. Théodebert II la conserve jusqu'à sa mort, arrivée deux ans après.

612. Théoderik II la reprend sur son frère Théoderick, qu'il bat et qu'il tue.

613. Chloter II le Grand fait mettre à mort Sighebert, fils et héritier de Théoderik, et, à l'exemple de son aïeul Chloter I, se constitue souverain unique de tout l'empire frank. L'Alsace rentre donc sous sa domination.

622. Dagobert Ier est placé à la tête du royaume d'Austrasie comme gouverneur, jusqu'en l'année 628, où il succède à son père. C'est un véritable monarque alsacien.

633. Sigebert III, dès l'âge de trois ans, reçoit le gouvernement d'Austrasie, dont il hérite en 638, à la mort de Dagobert.

656. Pendant huit mois, Hildebert, fils du maire du palais Grimoald, usurpe le trône d'Austrasie.

656. Clovis II, frère de Sighebert III, l'en chasse.

657. Chloter III, fils de Clovis II, hérite de tout l'empire frank.

660. Sa mère l'oblige à céder l'Austrasie à son frère, Hilderik II.

660. Hilderik II gouverne l'Austrasie.

674. Pendant qu'une partie de l'Austrasie reconnaît pour roi, sur la proposition d'Ebroïn, Clovis, fils supposé de Chloter III, Dagobert II, relégué en Ecosse, après la mort de son père Sighebert, revient, au bout de dix-huit années d'exil, et obtient l'Alsace.

Vous connaissez assez l'histoire de France, pour que je n'aie pas besoin de vous énumérer la fin de cette poignée de rois fainéants qui, dans la main des grands maires du palais, Pépin d'Héristal, Karl-Martel et Pepin le Bref, ne se succèdent sur le trône, toujours plus pâles et plus faibles, que pour montrer aux peuples combien les pouvoirs héréditaires finissent par s'avilir à la longue.

Bien que l'Alsace eût partagé le sort de l'Austrasie, dans la lutte séculaire entre cette partie de l'empire frank et la Neustrie, elle était gouvernée par un duc.

Le premier duc d'Alsace dont l'histoire fasse mention, est un nommé Gondon, qui n'est connu que pour avoir concédé à saint Germain l'emplacement sur lequel fut fondée l'abbaye de Munsterthal.

Le second est Boniface.

Enfin le troisième, le seul qui ait laissé des traces positives de son gouvernement, est *Etichon* ou *Attic* ou *Adalric*. Les diplômes et chartes qu'il a donnés aux monastères fondés par lui, permettent de préciser qu'il était déjà en fonctions au milieu du règne de Dagobert Ier, ce roi de France qui a laissé des traces éclatantes de son affection pour l'Alsace, tant par la fondation de Dagsbourg qui porte son nom, que par l'embellissement de la cathédrale de Strasbourg. Etichon fut le père de sainte Odile : c'est prouvé par une stèle de pierre érigée par Herrad de Landsperg, à la première abbesse de Hohenbourg, à la fondatrice de son couvent. C'est à lui qu'est attribuée la construction du monastère qui porte le nom de sa fille, ainsi que celle du couvent d'Eberscheim. De plus Etichon est la souche de presque toutes les familles souveraines d'Europe.

IV

FRANKS, ROMAINS ET GAULOIS
OU NOBLESSE, CLERGÉ ET PEUPLE

Cet Etichon ou Attic, duc d'Alsace, père de sainte Odile, fondateur de couvents et dont les peuples paraissent avoir gardé le souvenir, était un Frank dans toute l'acception de ce mot, c'est-à-dire un être dur et personnel. Il était duc d'Alsace, mais ce mot *duc* vient du latin *dux*, qui veut dire *conducteur d'armée* ou *général*. Il commandait les troupes, et appelait aux armes les autres guerriers, ses compatriotes qui, s'étaient établis comme lui dans le pays ; ceux-ci arrivaient à son commandement avec leurs vassaux armés. Il fallait que ce fût un guerrier illustre pour avoir été chargé de la surveillance du Rhin ; car, maintenant qu'ils étaient maîtres du pays, les Franks étaient bien décidés à empêcher les autres tribus germaniques de franchir le fleuve.

Etait-il chrétien ? On peut en douter ; car, lorsque Clovis ou Chlodowig se fit baptiser par saint Remi, son exemple ne fut pas suivi de suite par ses compagnons. Ceux-ci ne s'y décidèrent que bien plus tard après avoir examiné toute l'influence que pouvait leur donner cette religion sur les anciens possesseurs du pays qui la pratiquaient eux-mêmes.

Attic avait épousé Bereswinde, la nièce de l'évêque d'Autun, saint Léger; mais cela ne prouve qu'une chose, c'est que le clergé d'alors, qui était composé en grande partie de Romains ou de Gaulois ayant reçu l'éducation romaine, favorisait ces mariages entre les filles chrétiennes et les païens, certains qu'elles amèneraient toujours leurs maris à une conversion. Saint Remi avait agi de même envers Clovis, en lui faisant épouser Chlothide.

Il faut bien le dire, d'ailleurs, le baptême ne changeait pas beaucoup les mœurs de ces bandits.

Voici comment le duc d'Alsace en arriva à devenir un fondateur de couvents.

C'était en 662. Attic avait présidé le mâl ou tribunal, et entouré des officiers de sa maison et de quelques compagnons, il était à table et faisait bombance dans son château de Hohenbourg, en attendant la nouvelle de la naissance de son premier enfant. Il espérait un fils, afin de lui transmettre ses fonctions. Tout à coup la porte s'ouvrit et la nourrice de Bereswinde parut, demandant si Attic voulait voir son enfant.

Tous les convives poussèrent des hurrahs en l'honneur du nouveau-né et Attic répondit :

« Apporte ici mon fils, qu'il soit salué par le vin et par l'épée.

— Depuis quand salue-t-on les femmes avec les armes? répliqua la vieille. Ton enfant est une fille.

Les invités du duc se mirent à rire.

— C'est bien ! fit celui-ci d'un ton maussade. Qu'elle reste alors avec les femmes, elle n'a pas besoin de regarder des guerriers !

— Hélas ! soupira la nourrice, elle ne regardera jamais ni guerriers, ni qui que ce soit : elle est aveugle. »

Dans ces temps où la force était tout, la venue d'un enfant infirme était un déshonneur pour une famille.

Affolé de colère, Attic s'écria :

— Qu'on tue ce monstre, et qu'il n'en soit jamais question devant moi !

Des gens sûrs partirent la nuit même avec l'enfant et une nourrice. Une amie de Bereswinde, retirée au monastère de Palma, aujourd'hui Baume-les-Dames, la reçut avec empressement.

Le temps se passait, et pendant que d'autres enfants naissaient à Attic, la petite aveugle charmait la communauté par sa gentillesse. Un évêque qui arrivait de Bavière, et qui fut saint Ehrardt, voulut la baptiser. Il lui donna le joli nom d'Odile. La légende prétend qu'au moment où elle reçut le baptême, la vue lui vint.

Elle grandit, édifiant le couvent par sa piété, mais ne voulant pas prononcer des vœux qui auraient entraîné sa renonciation à la position à laquelle elle avait droit un jour. Odile, selon toute probabilité, était renseignée sur ce qui se passait dans sa famille par des affidés de sa mère.

Au bout de quelques années, elle se décida, par un message secret, à révéler son existence à Hugues, son frère, et le lendemain celui-ci, tout joyeux, annonça à Attic que sa sœur vivait ; mais le duc fronça le sourcil et répondit en défendant à son fils de lui parler d'une fille qu'il considérait comme morte. Hugues ne s'en tint pas là. Il envoya à Palma une escorte de cavaliers, avec une invitation à sa sœur de se rendre à Hohenbourg, dans tout l'appareil de son rang.

Un jour, le duc Attic chassait, avec son fils, dans la montagne. Tout à coup, il aperçut dans la plaine, sur la route menant à sa résidence, un de ces vastes chariots mérovingiens, en usage à cette époque, traîné par six bœufs blancs et sur lequel était assise une jeune fille richement vêtue et entourée de suivantes. Autour de ce char caracolaient des cavaliers en grand costume de guerre, le bouclier au bras et le javelot haut comme il convient pour l'escorte d'un grand personnage.

« Qui peut donc venir au Hohenbourg ? demanda Attic à Hugues, en lui montrant le cortége qui s'avançait.

— Qui donc a le droit de voyager ainsi en Alsace, répondit le jeune homme, sinon la fille du duc Attic ? C'est Odile, qui vient reprendre sa place dans la maison et dans le cœur de son père. »

A ces mots, emporté par une colère folle, Attic tira son épée et frappa son fils en pleine poitrine.

Hugues tomba roide mort.

Le duc poussait dans la forêt des hurlements de désespoir, cherchant à arrêter le sang, baisant la tête inerte du jeune homme. On accourut à ses cris et l'on fit un lit de branchages, sur lequel on étendit le cadavre.

Les deux cortéges se rencontrèrent à la porte du château.

Avec le calme et la résignation des chrétiens des premiers siècles, Odile s'agenouilla auprès du corps de ce frère qu'elle aimait sans l'avoir vu et qui venait de mourir pour elle.

Pendant ce temps, on veillait Attic qui voulait se tuer.

Le duc céda à sa fille le Hohenbourg, avec autorisation d'y appeler d'autres jeunes filles franques et d'y vivre avec elles de la vie monacale, si elle le jugeait convenable, ne se réservant qu'un corps de bâtiment où il passait son temps dans l'exercice de la prière et de la pénitence.

Quelques années après, Odile fonda aux pieds de la montagne un autre couvent, celui de Niedermunster, dont les religieuses desservaient un hôpital qu'elle avait également créé.

Odile mourut très-âgée et vénérée par tous, surtout par les pauvres familles des conquis qui se montraient reconnaissantes des bienfaits de cette fille des conquérants. Une pieuse superstition accorde encore à l'une des sources de la montagne le don de guérir les maladies des yeux.

Quoi qu'il en soit, la bonté sembla, pendant quelque temps, être héréditaire dans la descendance d'Attic, tant l'exemple d'un être bon peut avoir d'influence sur une race.

Le pape Léon, l'un de ces descendants, fit canoniser la fille du duc d'Alsace.

Le peuple des campagnes, en ces temps primitifs, voyait avec plaisir les communautés religieuses se multiplier, car sous la domination des femmes la vie était moins pénible pour le petit monde que sous le joug des durs guerriers franks.

Pour que vous puissiez comprendre cette sorte d'affection du peuple pour les personnes d'église, il faut vous expliquer ce qu'était le sort des conquis, depuis la conquête de la Gaule par les Franks, en vous rendant compte d'abord des causes de la facilité de cette conquête.

Toute cette immense agglomération de peuples soumis, qui formait l'empire romain, devait se disloquer forcément. L'ancienne organisation militaire avait disparu, et l'armée n'était plus qu'un moyen de compression pour les usurpations et un métier pour les soldats. Les empereurs avaient soin d'interdire la possession des armes au reste de la nation, de peur qu'elle ne se rappelât les grands jours de la Rome libre et qu'elle ne les renversât. D'autre part, on avait depuis longtemps déshabitué des armes les peuples conquis, afin qu'eux non plus ne comprissent pas qu'on n'est digne de la liberté, que lorsqu'on a le courage de la conquérir.

Qu'arriva-t-il? Que lorsque ces troupes que l'empire avait à sa solde, eurent été battues, on se trouva bien embarrassé pour former de nouvelles armées; les peuples s'étaient reposés sur leurs maîtres du soin de les protéger, et l'habitude de se voir défendus par des gens payés pour cela leur avait fait perdre l'amour et la science des armes.

Puis beaucoup de Romains s'étaient établis dans les Gaules et y étaient devenus de grands propriétaires. D'ailleurs l'ancien esprit latin s'était singulièrement transformé. L'étude de la théologie, la passion des disputes religieuses étaient à la mode, et les fils des vieilles familles romaines se jetaient dans les ordres. Tout le haut clergé, à peu d'exceptions près, et une grande partie du bas clergé, étaient composés de Romains d'origine.

Tant que dura la période violente de la conquête, les envahisseurs de la Gaule ne reconnurent d'autres règles que le caprice. Le possesseur de la terre, derrière les palissades qui entourent sa maison, ne pouvaient songer sérieusement à se défendre contre ces hommes terribles qui avaient taillé en pièces les plus vaillants soldats du monde. Ceux qui essayaient de le faire étaient massacrés et les leurs étaient faits esclaves.

Autrefois, lors de la conquête des Gaules par les Romains, les Gaulois avaient trouvé dans leurs prêtres, les druides, un secours énergique. Leur clergé était national et comprenait ses devoirs envers le pays. Les Romains avaient deviné tout ce que l'autorité des druides pouvait leur créer d'embarras, et ils avaient poursuivi, jusqu'à l'anéantissement, ces prêtres héroïques. Cette fois il n'en était plus de même. Le clergé était cosmopolite, tantôt ici, tantôt là. Ses intérêts n'étaient pas liés à ceux du pays. Ils obéissaient à un chef étranger et avaient à protéger, avant tout, ceux qui leur tenaient le plus au cœur, leurs compatriotes établis dans les Gaules. Lorsque le pauvre Gaulois chercha le Romain, son ancien protecteur, au lieu de trouver un soldat, il vit un prêtre. Alors, se souvenant du renom de patriotisme des vieux druides, il crut rencontrer aussi, non pas un vain consolateur, mais un conseiller, un organisateur, et au besoin un chef, sinon pour le conduire au combat, du moins pour lui souffler au cœur le courage. Erreur! il ne trouva qu'un consolateur qui essaya de sécher ses larmes, mais qui l'engagea à ne pas chercher ici-bas la vengeance et la justice.

Quand vint la régularisation de la conquête, les chefs franks durent se mettre en rapport avec des hommes qui avaient la connaissance du pays, de ses mœurs, de ses lois et de ses usages. Quelle autre classe que celle du clergé pouvait offrir de pareils hommes?

Les évêques comprirent alors l'influence qu'ils allaient prendre sur ces barbares, influence qui certainement servirait aux malheureux vaincus, mais qui sauvegarderait aussi les intérêts de l'Eglise. D'autre part les envahisseurs virent bien que s'ils ne s'attachaient pas ces hommes si puissants sur l'esprit des conquis, ils prêcheraient dans l'ombre une sorte de guerre sainte, comme avaient fait les druides naguère. Dès lors on se fit de mutuelles concessions.

Les Franks, qui, en majorité, restèrent attachés à leur religion bien longtemps après la conversion de Clovis, non-seulement laissèrent aux chrétiens la liberté du culte, mais encore, dans le partage, ils dotèrent magnifiquement les églises, attribuant de riches territoires aux abbayes, aux chapitres, aux monastères, et leur donnant sur les conquis qui habitaient ces territoires, les mêmes prérogatives que celles qu'ils s'étaient adjugées à eux-mêmes.

Peut-être est-ce à l'intervention de l'Eglise que les Gaulois durent de ne pas avoir été traités tous absolument comme des esclaves, c'est-à-dire considérés comme serfs.

Les serfs étaient tout d'abord ceux qui avaient été faits prisonniers, qui ne possédaient rien, qui étaient frappés par la justice, qui ne pouvaient payer ce qu'ils devaient : il est bien entendu que leurs enfants suivaient leur condition. Ils étaient la chose du maître, qui pouvait les vendre ou les tuer à son gré.

Les vassaux étaient ceux qui possédaient de la terre. Cette terre, vous le comprenez, n'était plus une propriété à proprement parler, car, sous forme de redevances et d'impôts, elle ne produisait à peu près que pour le chef barbare, auquel le canton était échu en partage, et qui était le seigneur et maître absolu. Cette terre était si peu une propriété que le fils ne pouvait hériter de son père qu'avec la permission du seigneur. Cette permission s'appelait l'*investiture*.

Le droit d'investiture était basé sur ce principe, que le seigneur hérite de son vassal. En fait, le fils doit lui racheter l'héritage, et l'investiture était ce qu'on peut appeler le contrat de rachat. Au reste, la chose allait du plus grand au plus petit.

Je vous l'ai dit, les fonctions étaient électives autrefois chez les Germains, mais les rois franks, petit à petit, prirent la coutume d'associer leurs fils à leur gouvernement. Ils leur permettaient ainsi de se distinguer, et il arriva que, plusieurs fois de suite, des fils furent *élevés sur le pavois* après la mort de leur père. Les rois alors se targuèrent de ce précédent, pour faire une coutume de cette succession. Mais les autres chefs réclamèrent naturellement le même privilége pour eux, et ainsi peu à peu ce qui n'était que des fonctions devint des propriétés héréditaires, mais toujours à charge d'investiture.

Pour mieux comprendre la chose, figurez-vous le préfet d'un département considérant ce département comme une propriété, dont ses fils hériteront moyennant des redevances à payer au chef de la nation, qui lui-même a pris le pouvoir suprême, non comme un dépôt qui lui est confié, mais comme une propriété de sa race.

Ce que le préfet a fait vis-à-vis du roi, le sous-préfet l'a fait vis-à-vis du préfet, et, supposons qu'il y ait encore d'autres fonctionnaires sur l'échelle administrative avant d'arriver au maire du village, tous font de même jusqu'à ce dernier, qui devient petit seigneur.

Vous vous étonnerez de voir ces vainqueurs sans frein ni modération, non-seulement respecter, mais augmenter les propriétés des églises, des abbayes, des monastères : c'est qu'on peut bien prendre par la force, mais on ne gouverne, on n'administre qu'avec une certaine science. Or la science était toute entière le domaine de l'Eglise. C'était donc sur elle qu'il fallait compter pour rédiger des lois nouvelles, et organiser régulièrement cette société qui allait naître des événements. De plus, ce prestige qu'elle exerçait sur ses coreligionnaires, réduits en servage ou en vasselage, pouvait, je le répète, se traduire de deux façons, ou comme une aide ou comme une résistance.

Donc, après avoir sauvé les Romains établis dans les Gaules, qu'on appelait les Gallo-Romains, parmi lesquels il se recrutait presque en totalité, en même temps que ses propres intérêts, le clergé devint collaborateur des Barbares, dans l'établissement de cet état social qui sortit de la conquête et qu'on appela la *Féodalité*. On prêcha aux vaincus la résignation à la volonté divine, et l'on déclara que les Franks étaient maîtres, *par la grâce de Dieu*. Ces mots devinrent la formule qui précédait la publication des décisions les plus tyranniques, les plus monstrueuses. Au milieu de la fumée des incendies et des cris d'horreur dont est remplie cette sombre période du moyen âge, ces mots *par la grâce de Dieu* rayonnent en lettres de feu comme un blasphème contre ce Dieu même, qui voulut naître parmi les plus humbles et mourir pour l'égalité des hommes.

Le dernier soldat frank, le plus pauvre, le moins brave, reçut sa part, et devint ainsi un seigneur *par la grâce de Dieu*, et les descendants des plus illustres familles gauloises devinrent les vassaux du sauvage, que le hasard rendait maître de la terre qu'ils habitaient.

C'est là, mes chers amis, l'origine de la noblesse.

Vous pensez bien que serfs ou vassaux, devant le déchaînement des passions de ces brutes triomphantes, étaient pressurés de toutes manières, car la main du maître était écrasante et son cœur implacable.

A côté, au contraire, les hommes de la religion, qui n'avaient pas leurs passions brutales, et qui poursuivaient une augmentation de richesses, sans doute, mais aussi et surtout une augmentation d'influence morale, avaient le gouvernement presque paternel. On était relativement heureux sous leur domination; aussi, comme beaucoup de monastères possédaient le droit d'asile, les hommes aux âmes fières ou délicates, que la tyrannie stupide du seigneur frank poussait à une décision suprême, quand ils parvenaient à s'échapper, accouraient auprès des gens d'église. Ils faisaient vœu de travailler pendant un certain nombre d'années, pour remercier Dieu de leur délivrance, s'employaient aux constructions, apprenaient à fouiller le bois et la pierre, et les églises, les cathédrales sortaient de terre, charmant les yeux par un art nouveau. Dans ces mille chefs-d'œuvre qui décorent les vieilles cathédrales, et qu'il serait impossible de reproduire de notre temps, on sent palpiter, pour ainsi dire, le cœur du pauvre serf. C'est en même temps une action de grâce et un cri de vengeance. A côté des figures adorables de beauté et de douceur qu'ils donnent aux saints et aux anges et dans lesquels ils ont voulu incarner leur foi ou leur reconnaissance, voyez ces êtres étranges et horribles, ces hommes aux visages de bêtes, ces bêtes montrueuses à faces humaines : n'est-ce pas le souvenir de leurs anciens bourreaux qu'ils ont voulu flétrir à jamais?

D'ailleurs, ces communautés se multipliaient et s'enrichissaient, et l'Eglise faisait bien tout ce qu'il fallait pour cela. Ses indulgences, ses complaisances, un peu forcées, il faut bien le dire, étaient largement payées. Les crimes des Barbares ne se rachetaient qu'au moyen de riches dotations faites aux cathédrales, aux abbayes, aux couvents. Cette augmentation de communautés avait également pour cause les fantaisies des grands chefs franks. Ils ne pouvaient répudier leurs femmes légitimes qu'avec la permission de l'Eglise, qui l'accordait presque toujours. Il ne faut pas trop lui en vouloir, car ils s'en seraient passés aisément ; l'assassinat était dans leurs mœurs, et vous vous souvenez de la manière dont Hilpérik se débarrassa de Galeswinde.

Que pouvait faire l'épouse répudiée? Elle obtenait, comme douaire, un riche domaine, s'y installait avec ses suivantes et ses amies, demandait une règle au pape et fondait un couvent sous l'invocation de quelque sainte respectée.

La vie était singulièrement douce pour le serf et le vassal sous le gouvernement de ces femmes, qui, dans leur malheur, cherchaient l'affection de ceux qui les entouraient.

Telles sont, mes chers amis, les causes primitives

de la puissance du clergé, qui ne fit que croître avec le temps.

C'est entre ces deux puissances de la noblesse et du clergé, ayant toutes deux une origine étrangère et qui devinrent deux tyrannies, tyrannie matérielle et tyrannie intellectuelle, que l'Alsace, comme le reste de la Gaule, se débattra pendant des siècles. Le Romain a vissé sur le front du Gaulois le joug du Germain.

V

LE CHAMP DU MENSONGE

Lorsqu'on sort de Cernay pour se diriger vers Thann, on aperçoit de grandes prairies, qui, avant que les irrigations ne les eussent fertilisées, étaient simplement des champs de pierre et de sable. Un marché aux bœufs s'y tenait probablement naguère, car les gens du pays nomment cette plaine indifféremment l'*Ochsenfeld* (le *Champ aux bœufs*) ou le *Rothfeld* (le *Champ rouge*), mais le nom que l'histoire lui a donné c'est le *Lügenfeld* (le *Champ du mensonge*).

Les habitants savent vaguement qu'un événement effroyable s'est passé là, dans les temps les plus reculés, et certaines personnes soutiennent que d'immenses galeries, dans lesquelles dort une innombrable armée, se trouvent sous cette plaine.

Qui a pu donner lieu à cette superstition ? On raconte qu'un jour un paysan, poussé par la curiosité, eut l'idée de pénétrer dans ce souterrain... Il en sortit bientôt fou de terreur. Un guerrier, assura-t-il, à à l'aspect terrible, portant un casque de forme étrange, orné d'ailes et de cornes, lui apparut tout à coup et lui dit d'une voix profonde :

— Arrête-toi, esclave, et ne réveille pas ceux qui dorment ici. Va dire à l'empereur Loys, le fils de Grand Karle, que bientôt son armée secouera le sommeil et le vengera de la trahison de ses fils et du pape Grégoire.

Voilà tout ce que les paysans on pu garder du grand drame qui s'est joué dans cette plaine.

Vous vous rappelez qu'en 814 l'empereur Charlemagne était mort chargé de gloire, mais aussi chargé de soucis pour l'avenir de l'empire. La perte de ses deux fils, Pepin, roi d'Italie, mort en 810, et Charles, son bien-aimé, son futur successeur, qui semblait avoir, par avance, hérité de toutes ses qualités, mort l'année suivante; la faiblesse et la médiocrité de Louis, roi d'Aquitaine, qui devait porter sa lourde couronne; l'audace des Normands, qui ravageaient toutes les côtes; toutes ces choses avaient frappé le grand empereur, qui s'était éteint à l'âge de soixante-douze ans.

Quand Louis, qu'on appela plus tard *le Débonnaire*, se trouva seul devant cet immense empire, il eut peur. Il avait eu trois fils de sa femme Hermengarde, morte quelques années auparavant, et il crut devoir faire un partage. Il associa donc à l'empire son fils aîné Lothaire et lui donna l'Alsace dans son lot, l'Alsace, le pays de prédilection de tous ces rois de France; Pépin eut le royaume d'Aquitaine, et Louis celui de Bavière.

Alors, naturellement enclin au repos, l'empereur

Louis espéra une vie tranquille, comptant sur son fils pour l'aider à gouverner les immenses états que lui avait laissés son père.

Cependant il était encore jeune et la solitude lui pesait. Les courtisans l'engagèrent à se remarier, mais il objectait les intérêts de ses fils, qui auraient pu s'en alarmer, et, en cela, il était soutenu par quelques hommes de sens, comme Wala, l'ancien ministre de Charlemagne. Cependant, soit qu'on le pressât plus fort, soit que Judith, la fille du duc bavarois Guelfe, eût fait une grande impression sur lui, il se décida. Aussitôt le mariage accompli, afin de calmer les inquiétudes de ses fils, il tint une grande assemblée à Nimègue, et ratifia solennellement devant elle le partage qu'il avait fait.

Dès lors, il pensa vivre tranquille, mais il avait compté sans l'ambition d'une autre femme, sa bru.

Attic, duc d'Alsace et père de sainte Odile, avait laissé un fils nommé Adelbert. Adelbert eut trois fils, Luitfried, Eberhardt et Maso. L'aîné Luitfried n'eut qu'un fils, Hugues Ier, qu'on surnomma *le Couard*. La fille de Hugues, Irmingarde, avait épousé l'empereur Lothaire. C'était une femme hautaine et ambitieuse, et qui, poussée par son père, ne cessait, depuis le mariage de Louis Ier, de jeter la défiance dans l'esprit de son mari.

— Savez-vous maintenant sur quoi compter, tous autant que vous êtes? Vous n'êtes pas plus sûrs de l'empire que votre frère Pépin n'est sûr de son trône d'Aquitaine, et votre frère Louis de son trône de Bavière. L'empereur, votre père, est jeune encore;

il aura des enfants qu'il lui faudra pourvoir. Sur quoi voulez-vous qu'il prenne, puisqu'il a fait le partage de l'empire, si ce n'est sur la part de chacun de vous?

Telle était la plainte quotidienne de l'ambitieuse Irmingarde. Lothaire dissimulait, sous un air de doute, ses inquiétudes, quand le fait vint donner raison à sa femme.

L'empereur Louis devint père d'un quatrième fils, auquel on donna le nom de Charles.

De ce moment, les craintes et les défiances de Lothaire grandirent chaque jour, entretenues par les propos de sa femme et par ceux de son beau-père.

D'autre part, le pauvre empereur Louis, qui avait à combattre, au nord la révolte des Bretons, au sud celle des Sarrazins, à apaiser dans l'Eglise des disputes terribles à propos du culte rendu aux images, le pauvre empereur Louis, dis-je, comme s'il n'avait pas assez d'avoir à combattre avec les révoltés, et à discuter avec les théologiens, était harcelé, à tout instant, par les récriminations de sa jeune femme.

Chaque fois que le Débonnaire regardait avec amour cet enfant de sa vieillesse, que Judith berçait sur ses genoux, l'impératrice ne manquait pas de murmurer :

— Dormez! dormez, fils d'empereur! Le sommeil vaut mieux que la veille, quand Dieu vous a fait naître après le partage des biens paternels. A vos frères les sceptres et les couronnes, à vous la tête rasée du moine et la besace du mendiant.

Le malheureux Louis soupirait, mais il ne pouvait revenir sur le partage qu'il avait solennellement confirmé à Nimègue.

Cependant, tout en se plaignant, Judith agissait sous main, conseillée par un homme ambitieux, rempli de talent, et qui avait une grande influence, sur le faible Louis, Bernard, duc de Septimanie.

Elle était belle, intelligente, spirituelle; dans un entretien qu'elle eut avec Lothaire, elle lui prouva qu'il était le tuteur naturel de son jeune frère, et le fit même consentir à la constitution d'un patrimoine qui serait prélevé sur le domaine de l'empire. Lothaire la quitta, en lui promettant de défendre les intérêts de son pupille.

Dès qu'Irmingarde apprit ce qui s'était passé, elle prit conseil de son père et de quelques autres chefs, entre autres du comte Matfried, et il fut résolu qu'on empêcherait à tout prix cette combinaison.

Judith, avertie par ses espions, pressa l'empereur Louis d'agir au plus vite, et un édit impérial, daté de Worms, constitua, au profit du jeune prince Charles, un royaume d'Allemanie, composé de la partie de l'Allemagne comprise entre le Rhin, le Mein, le Neckar et le Danube.

Lothaire n'était en rien lésé, et l'Alsace, qui faisait partie de ses États, ne subissait aucune atteinte. Cependant Hugues le Couard, Matfried et les autres grands lui firent remarquer qu'il était associé à l'empire et que c'était le domaine de l'empire qui faisait tous les frais de cette nouvelle création.

Après bien des hésitations, Lothaire se décida à agir. Il fit courir le bruit que Judith entretenait des relations inavouables avec le duc Bernard, et que leur but était de s'emparer du pouvoir, de placer la couronne impériale sur la tête de l'enfant, puis, le moment venu, de gouverner à l'abri d'une minorité.

Il déclara qu'empereur au même titre que son père, il ne se laisserait pas dépouiller ainsi; que d'ailleurs la diète de l'empire, qui siégeait à Worms au moment où son père avait promulgué l'édit constituant le royaume d'Allemanie, n'avait pas été consultée sur cette création, et qu'en conséquence, il tiendrait pour rebelle quiconque prêterait la main à l'exécution de mesures qu'il considérait comme nulles et non avenues.

Les membres de l'assemblée de Worms, déjà froissés d'avoir été dédaignés dans cette affaire, approuvèrent, les uns hautement, les autres en cachette, cette protestation, et les chefs de l'armée qui se rendait dans la Bretagne révoltée, séduits par les partisans d'Irmingarde, acclamèrent l'empereur Lothaire et se mirent à la disposition des princes, qui firent leur jonction à Verberie.

Lothaire, Pépin et Louis convoquèrent immédiatement la diète à Compiègne et y conduisirent leur père comme un coupable. L'empereur Louis confessa qu'il avait eu tort, renonça à ses projets de dotation en faveur de Charles, et promit de ne plus rien décider à l'avenir, sans avoir consulté l'assemblée.

Pépin et Louis, satisfaits de cette déclaration, retournèrent dans leurs Etats respectifs, pensant que tout était terminé.

Mais c'était trop peu pour la vindicative et ambitieuse Irmingarde. Ils apprirent, coup sur coup, que Bernard avait été obligé de se sauver au plus vite dans son duché de Septimanie, et qu'un de ses frères, qui n'avait pu le suivre assez vite, avait été pris et avait eu les yeux crevés; que l'impératrice Judith avait été reléguée dans le couvent de Sainte-Radegonde près Poitiers; que l'empereur Louis, lui-même, qui n'avait cependant plus qu'un fantôme de pouvoir, venait d'être remis entre les mains des moines, et qu'enfin Lothaire préparait la réunion d'un mâl, afin de le faire déposer solennellement.

De tous côtés arrivaient des messagers, de la part des grands de l'empire, leur demandant s'ils abandonneraient à ses ennemis ce père qui avait eu assez de confiance dans leur loyauté pour les faire rois de son vivant. La réponse des rois d'Aquitaine et de Bavière éclata au milieu des préparatifs des conspirateurs; ils firent proclamer qu'ils allaient prendre les armes et marcher à la délivrance de l'empereur, leur père.

Cette déclaration jeta la déroute parmi les rebelles. Lothaire, craignant d'être dépossédé complétement par ses frères, alla se jeter aux pieds de son père et implora sa grâce. Le *Débonnaire* la lui accorda, à la condition qu'il se retirerait pendant quelque temps dans son royaume d'Italie.

Pendant ce temps, l'empereur Louis s'établissait dans sa chère Alsace et la comblait de bienfaits, dotant ses monastères et ses églises. Par lettres impériales, datées du 8 juin 821, il exempta tous les sujets de l'Eglise de Strasbourg du droit de péage sur les ponts de tout l'empire et exonéra leurs marchandises de toutes les impositions et droits d'entrée dans les villes.

Cependant Lothaire profitait de son séjour en Italie pour circonvenir le pape Grégoire IV, et le mettre dans ses intérêts, bien que le clergé n'eût qu'à se louer de la piété du fils de Charlemagne; et de son côté l'intrigante Irmingarde, aidée de son père, soulevait des difficultés entre le vieil empereur et le roi Pépin. Les choses s'envenimèrent au point que ce dernier voulut déclarer son royaume d'Aquitaine indépendant de l'empire. Le père, justement indigné, prononça sa déchéance et profita de l'occasion pour donner ses États au jeune Charles, son dernier-né, le fils de Judith.

Cette décision, il faut le dire, était impolitique, car elle semblait donner raison aux griefs de Lothaire et de sa femme.

Jusqu'alors Louis de Bavière avait toujours témoigné à son père un grand respect et une profonde affection, mais, dans cette décision, il crut voir le triomphe de quelque intrigue de l'impératrice Judith et promit son appui à ses frères.

Les épées furent tirées et le bruit des armes retentit dans tout l'empire de Charlemagne.

Le pape Grégoire IV, auquel Lothaire avait promis de grandes compensations temporelles en cas de réussite, quitta Rome et marcha à ses côtés au milieu de son armée.

Pendant que l'armée d'Italie franchissait les Alpes

et s'avançait sur l'armée impériale commandée par Louis le Débonnaire en personne et fortement établie en Alsace, Pépin d'Aquitaine et Louis de Bavière entraient également dans le pays, à la tête de leurs troupes.

Le père et les fils se trouvèrent en présence, entre Cernay et Thann, dans cette vaste plaine qu'on appelait alors l'Ochsenfeld.

Cependant on n'en vint pas de suite aux mains. Chacun hésitait. L'empereur, ayant appris que le pape était au milieu des rebelles, lui écrivit pour lui demander de quel droit il s'était permis de quitter Rome sans son ordre, et pour lui exprimer son étonnement de le voir encourager, par sa présence, l'acte le plus impie qui se puisse accomplir, c'est-à-dire la révolte de fils contre leur père.

Les papes n'étaient pas alors, au point de vue temporel, ce qu'ils devinrent plus tard. Souverains dans le domaine de la religion, ils étaient protégés par les empereurs; mais, du jour où ces derniers commencèrent à leur créer un domaine, ils durent subir le sort de tous les souverains temporels et reconnaître la suprématie impériale, en tout ce qui touche les choses de la terre. Les évêques savaient faire cette différence et sentaient parfaitement que leur obéissance au souverain pontife cessait du moment que celui-ci sortait du domaine spirituel.

En conséquence le pape, qui ne pouvait avoir oublié tout ce que le Saint-Siége devait à la générosité de Charlemagne et de Louis, fut assez embarrassé dans ses réponses. Il affirma qu'il n'était venu que poussé par une pensée de concorde et d'apaisement, et, en même temps, il écrivit aux évêques qui tenaient pour le vieil empereur et leur prescrivit des prières et des jeûnes, afin que Dieu éclairât son esprit.

Les évêques, qui avaient deviné ses manœuvres et savaient qu'il n'était sorti d'Italie que pour excommunier l'empereur, lui envoyèrent un message pour lui déclarer que, s'il lançait l'excommunication contre Louis, eux, les évêques l'excommunieraient, lui, le pape.

Grégoire furieux les accabla d'injures, les traitant de traîtres et d'apostats; leur disant qu'ils devaient obéissance au Saint-Siège avant de la devoir à l'empire, et les rendant responsables des malheurs publics qui résulteraient de leur complaisance pour les faiblesses de Louis.

Celui-ci, craignant que ces querelles de prêtres ne finissent par amener des défections autour de lui, fit prendre les dispositions pour la bataille.

Déjà les deux armées s'ébranlaient quand le pape fit demander une entrevue à l'empereur. Louis la lui accorda et le reçut avec une indignation hautaine.

Il s'étonna de voir le vicaire de Dieu prêter son appui à des fils armés contre leur père et lui mit sous les yeux la conduite de ses prédécesseurs, les autres papes.

Grégoire s'excusait, et, sans faire de propositions nettes, allongeait la conférence, dans le but évident de gagner du temps. Quand enfin il quitta l'empereur et que celui-ci voulut sortir pour donner des ordres, il se vit entouré par les soldats de ses fils, qui l'injurièrent et le menacèrent, lui, l'impératrice et le jeune prince Charles. Quant à l'armée impériale, elle avait passé à l'ennemi.

L'audience demandée par Grégoire était un piége. Pendant qu'il traînait la conférence en longueur, Lothaire, Pépin et Louis, pénétrant dans le camp impérial, séduisaient les principaux chefs par des présents ou des promesses, et achetaient les soldats. De cette manière l'horreur de l'Église pour le sang était respectée et le pape n'assistait pas à une lutte parricide.

Louis seul, désespéré, craignant à chaque instant de voir massacrer sa femme et son dernier-né, fit demander à ses fils s'ils feraient assassiner leur père sous leurs propres yeux.

Les révoltés lui envoyèrent une escorte d'honneur, en lui disant qu'il trouverait dans leur camp sécurité et respect. C'était la reddition. Louis le sentit, mais, ne songeant qu'au salut des siens, il se laissa conduire.

Ses trois fils s'avancèrent à cheval au-devant de lui, et mirent pied à terre à son approche, lui jurant respectueusement qu'ils le recevaient, non comme un prisonnier, mais comme un souverain et un père.

On le fit entrer dans la tente de Lothaire, avec le jeune Charles; mais l'impératrice et ses femmes furent, sous je ne sais quel prétexte, séparées de lui. Il attendait seul avec l'enfant. Bientôt il entendit un grand tumulte, comme le bruit d'une délibération hâtive, et déjà l'idée d'une vengeance contre l'impératrice Judith, dont on l'avait séparé, lui venait à l'esprit, quand tout à coup la tente fut envahie. C'étaient ses trois fils et le pape qui, entourés des ducs, comtes et barons de l'empire, l'épée à la main, venaient lui signifier sa déchéance et reconnaître devant lui Lothaire comme unique empereur.

Séparé de sa femme qu'on venait d'expédier sou bonne escorte vers un couvent d'Italie, trahi par ses fils, trompé par le chef de l'Eglise, abandonné lâchement par ses soldats, l'empereur Louis le Débonnaire, le fils de Charlemagne, jeta un regard de désespoir sur son dernier fils qui n'avait que dix ans et baissa la tête silencieusement.

Voici pourquoi la plaine dans laquelle s'accomplit cette trahison s'appelle le *Champ du mensonge*. Cela se passait le 24 juin.

Vous vous rappelez, mes amis, la suite de cette terrible histoire. Lothaire, seul en face de l'ancien empereur et d'un enfant, fut bien embarrassé tout d'abord. Après avoir essayé de les garder avec lui à la résidence impériale de Marlenheim, il s'aperçut que leur présence excitait de sourdes rumeurs en Alsace. Il franchit les Vosges, se dirigea vers Soissons, enferma son père dans le couvent de Saint-Médard, et envoya son jeune frère Charles dans celui de Prum, près de Trèves.

Cependant Lothaire n'était pas tranquille. Il lui semblait voir partout des regards étranges fixés sur lui. C'était comme si sa propre conscience se fût reflétée sur tous les visages qui l'entouraient. Il sentait que cette déposition, sortie du tumulte d'un camp, n'avait aucune valeur légale aux yeux des peuples, et il résolut de constituer un tribunal suprême. Il rassembla quelques dignitaires de la couronne, des évêques et des abbés, tous gens à sa dévotion, et fit accuser l'empereur, son père, de je ne sais quel crime contre l'Eglise. Louis le Débonnaire fut condamné à l'unanimité à faire pénitence publique dans l'église Saint-Médard, et à être ensuite enfermé dans une cellule jusqu'à la fin de ses jours.

C'était le parricide moral, le crime le plus épouvantable qu'on puisse rêver.

Lothaire, sur un trône élevé, entouré de ses courtisans, assistait au supplice de son malheureux père.

Louis, revêtu des habits impériaux, la triple couronne de Charlemagne sur la tête, tenant d'une main le globe et de l'autre l'épée, se tenait au pied de l'autel, pendant que le plus ancien évêque, après avoir officié, prononçait la sentence.

Alors un évêque et un seigneur s'avancèrent et lui enlevèrent la couronne, qu'ils renversèrent à ses pieds; deux autres lui arrachèrent l'épée et le globe; deux autres lui enlevèrent le manteau.

Aussitôt qu'il fut dépouillé des insignes de l'empire, les moines s'emparèrent de lui et, en psalmodiant le service des morts, le revêtirent d'un cilice.

Un cri d'indignation retentit dans tout l'empire contre Lothaire et contre Otgaire, l'évêque de Mayence, son conseiller le plus intime et son complice.

Il est inutile de vous rappeler la sommation faite

à Lothaire par ses frères Louis et Pépin, la guerre qui s'ensuivit, la fuite de l'infâme, la réinstallation de Louis le Débonnaire, son entrée solennelle à Aix-la-Chapelle, à cheval, entouré de ses deux fils l'épée à la main et suivi des deux armées, la grande cérémonie qui eut lieu dans la cathédrale, devant tout le clergé et le peuple assemblé, cérémonie pendant laquelle Pepin et Louis replacèrent eux-mêmes la couronne impériale sur la tête de leur père, en étendant au-dessus d'elle leurs épées nues et en jurant malheur à qui y toucherait.

Tout cela est de l'histoire de France et regarde évidemment l'Alsace, mais ne la touche pas exclusivement.

VI

COMMENT L'ALSACE FIT PARTIE DE LA GERMANIE

Vous avez vu comment le système de la division a détruit l'empire de Charlemagne. Lorsque les fils de Louis le Débonnaire se furent partagé la monarchie franque, il fut entendu que chacun d'eux serait maître absolu dans ses états.

Lothaire, l'éternel menteur, ayant essayé de tromper ses frères, Louis de Germanie ainsi que Charles le dernier-né de son père, devenu roi d'Aquitaine, ceux-ci lui déclarèrent la guerre. Après l'avoir battu à Fontenay, les deux armées se séparèrent. Pendant que celle de Louis s'emparait des places situées le long du Rhin, celle de Charles entrait en Alsace par Toul, enlevait Saverne et écrasait l'évêque de Mayence Otgaire, le seul véritable homme de guerre de Lothaire. Les deux frères opérèrent leur jonction sous les murs de Strasbourg.

Chacun, à la tête de ses troupes, était entré par un côté de la ville, et en se rencontrant ils descendirent de cheval, allèrent au-devant l'un de l'autre et s'embrassèrent fraternellement. C'est à la suite de cette jonction que, devant les armées et le peuple strasbourgeois, ils prononcèrent le serment suivant :

Pour l'amour de Dieu, le bien du peuple chrétien et pour notre sûreté commune, je jure désormais d'employer toutes mes forces, autant que Dieu m'en donnera le pouvoir, à défendre le roy Charles (ou le roy Louis) mon frère, comme je voudrais qu'il le fît pour moi, et je jure, de plus, de ne jamais faire avec Lothaire aucun traité que je crusse en conscience être préjudiciable au roy Charles (ou au roy Louis) mon frère.

Louis de Bavière prononça solennellement ce serment dans la langue française devant l'armée d'Aquitaine, et Charles d'Aquitaine le prononça en langue tudesque devant l'armée germanique. Voici les textes exacts de ces serments, tels qu'ils nous ont été conservés comme des monuments des deux langues parlées à cette époque :

SERMENT DU ROY LOUIS DE GERMANIE	SERMENT DU ROY CHARLES D'AQUITAINE
Pro Deo Amur et pro Christian Poblo et nostro commun salvament, dist di en avant, in quant Deus savir et podir me dunat, si salvarai eo cist meo fradre Karlo et in adjudha er in Cadhuna cosa, si cum hom per dreit son frade salvar dist, ino quid il mi altre si fazet et ab Ludher nul plaid nunquam prindrai qui, meon vol, cist, meon fradre Karlo in damno sit.	In Godes minna, in durchtes Kristianen folches ind unser bedhero Gehaltnissi, fon thesemo dage fram mordes, so frams so mir Gots Gewizzei in di madh Furgibit, so hald ih tisan minan Bruodher Ludewige ind Hulfe in allen Sachen, wie man mit rehtum sinan Bruodher scal inthi uthas er mig so sin madh, indi mit Lutherem inno theinni ding gegango, zhe minam willon tisan imo bruodher Ludowige ce shaden werhen.

Vous savez, qu'à la suite de ce serment, le traité de Verdun mit fin aux espérances de Lothaire, qui n'eut plus que le titre d'empereur. Le territoire de l'empire, relevé par trois cents commissaires, fut partagé entre les trois frères (le fils de Pépin d'Aquitaine fut dépouillé par ses oncles), et en outre de l'Italie on forma à Lothaire un état composé des pays bordés par l'Escaut, la Meuse, le Rhin, la Saône et le Rhône, qui fut appelé, de son nom, *Lotharingie* ou Lorraine. L'Alsace fit donc partie de ce nouvel état.

Cependant les luttes entre les descendants de Charlemagne changèrent fréquemment encore le sort de l'Alsace, qui, tantôt partie intégrante de la Lorraine, tantôt séparée d'elle, passait de l'un à l'autre comme un joyau envié. Lorsqu'après le diète de Tribur en 877, Charles le Gros fut dépouillé de son titre d'empereur, on proclama à sa place Arnoul, fils naturel de Carloman, le troisième fils de Louis de Germanie. Le serment de Strasbourg était loin.

L'empereur Arnoul, de son autorité, donna le royaume de Lorraine, comprenant l'Alsace, à Zwentibold, un de ses fils naturels. Ce Zwentibold fut le tyran le plus épouvantable qu'on eût vu jusqu'alors; aussi les seigneurs d'Alsace et de Lorraine, aussitôt la mort de l'empereur Arnoul, se déclarèrent hautement pour son fils légitime, Louis, qui n'avait que sept ans et que l'histoire appelle Louis l'Enfant. Zwentibold essaya de résister les armes à la main, mais il fut tué dans un combat sur la Meuse et laissa son frère paisible possesseur de l'Alsace.

Louis l'Enfant, le dernier descendant légitime des

Carlowingiens de Germanie, mourut sans avoir été marié, et ce fut Charles le Simple, roi de France, qui, en sa qualité de seul descendant direct de Charlemagne, devait recueillir son héritage. Les grands de l'Alsace et de la Lorraine l'acclamèrent, mais il n'en fut pas de même de l'autre côté du Rhin. Les seigneurs allemands n'étaient possesseurs des fiefs qui leur étaient concédés par l'empire que leur vie durant. La nue propriété restait à la couronne. Ils désiraient garder cette propriété et la transmettre à leurs descendants, et pensèrent qu'en mettant l'un d'eux sur le trône, ils arriveraient à leur but. Ils choisirent donc Conrad, duc de Franconie, et le proclamèrent à Worms.

Quelques écrivains, notoirement favorables aux Allemands, ont essayé de faire croire que l'Alsace était comprise dans les états de Conrad ; c'est une erreur, car, aussitôt sur le trône, celui-ci essaya de s'emparer de l'Alsace et de la Lorraine sans tenir compte du choix que les Alsaciens et les Lorrains avaient fait de Charles le Simple.

Un vieil historien, LE CHRONIQUEUR DE SAINT-GALL, dit textuellement ceci :

« Il passa le Rhin et il entra, sur la fin de l'année 912, dans le royaume de Lorraine, *non comme un souverain légitime, mais comme un ennemi qui veut envahir un état et en faire sa conquête.* »

Il se rendit assez rapidement maître du pays qui avait été surpris, et, afin de gagner les Alsaciens, il avait déjà concédé des priviléges à quelques établissements religieux de Strasbourg, quand Rainier, comte des Ardennes, commandant en Lorraine pour Charles le Simple, marcha contre lui et le força à repasser le Rhin.

C'est vers cette époque que l'évêque de Strasbourg, Otbert, de la famille de sainte Odile, refusa de reconnaître les droits de l'envahisseur Conrad, malgré les ordres de l'évêque de Mayence qui menaçait de le déposer. Il osa affirmer hautement les droits de la France et son attachement pour elle. Forcé de se réfugier au château de Rothembourg, il y fut assassiné. Le roi de France nomma Richewin, fils du comte Rainier, à sa place, et celui-ci prit possession de son siége. Les évêques de Germanie, voyant que l'exemple d'Otbert ne servait à rien, voulurent donner une sorte de sanction religieuse aux prétentions de Conrad sur l'Alsace, et ils se rassemblèrent en concile à *Altheim*, datant leur réunion de la *cinquième année du règne du très-pieux et très-chrétien roy Conrad*. Quoique Jean, évêque d'Orta, légat du pape Jean X, présidât l'assemblée, à côté de Conrad, les évêques de Saxe refusèrent d'y assister, parce qu'ils ne reconnaissaient pas Conrad pour roi de Germanie, aussi bien que Richewin, évêque de Strasbourg, refusa de s'y rendre, affirmant que son souverain légitime était Charles, roi de France.

Le concile excommunia les seigneurs de la Germanie qui refusaient de reconnaître Conrad, et il cita une seconde fois Richewin devant lui, sous l'accusation d'avoir usurpé le siége épiscopal de Strasbourg. L'évêque déclara qu'il ne déférerait pas à cette nouvelle invitation. Alors on lui enjoignit l'ordre de se trouver au mois de mai à Mayence pour rendre compte de sa désobéissance à son métropolitain, Hériger, archevêque de cette ville. Le légat ajouta que, s'il n'obéissait pas, il lui jetterait l'interdit, jusqu'au jour où il aurait expliqué sa conduite au pape. L'interdit était une punition terrible. Non-seulement il défendait à un évêque de remplir ses devoirs, mais il donnait encore un caractère de sacrilége et de malédiction à toutes ses actions, et, dans ces temps de superstitions, l'horreur pour l'individu frappé d'interdit allait facilement jusqu'à l'assassinat.

L'évêque Richewin ne retint des sommations de l'assemblée d'Altheim et des menaces du légat qu'une seule chose, l'ordre de soumettre sa conduite au chef de l'Eglise. Il s'adressa donc au pape et attendit son jugement.

Le pape lui donna raison, basant sa décision sur le droit qu'avaient les rois de nommer les évêques dans leurs états. Donc il reconnaissait que l'évêché de Strasbourg relevait des états du roi de France, et par conséquent que ce dernier possédait le royaume de Lorraine. D'ailleurs le pape eut quelque temps après l'occasion de confirmer cette décision si importante. Le roi Charles de France nomma Richer, évêque de Liége, ville qui, comme Strasbourg, faisait partie du royaume de Lorraine, pendant que, de son côté, l'archevêque de Cologne osait sacrer Hilduin. Jean X écrivit au roi Charles le Simple pour confirmer publiquement son choix et excommunia l'archevêque de Cologne. L'historien des conciles des Gaules, Sermendus, donne la lettre fort dure que le pape écrivit à Hermann, archevêque de Cologne, à ce propos.

Que certains papes se soient joués de la justice, l'histoire nous le montre, mais c'était toujours dans un but d'intérêt, et au profit de quelque monarque puissant. Ici ce n'est pas le cas. Quel intérêt aurait eu Jean X à ménager Charles le Simple, ce roi sans prestige, que son surnom désignait au dédain de son temps, qui donnait sa propre fille en mariage à Rollon, un vieux chef de pirates, et qui lui cédait une des plus fertiles provinces de France; auquel un simple bandit normand faisait faire la culbute à bas de son trône, devant tous les barons réunis, sous le prétexte de lui baiser le pied; un roi ridicule dont ses serviteurs rougissaient, et contre lequel les grands conspiraient ouvertement? Evidemment un tel monarque n'était pas assez puissant pour obtenir qu'un chef de l'Eglise commit une iniquité à son profit.

Le pape jugea donc avec impartialité.

Si j'insiste aussi fortement, mes chers amis, sur ce fait qui paraît sans grande importance, c'est parce que certains historiens laissent ces détails dans l'ombre. Ils essaient de faire croire qu'à cette époque, sinon tout le royaume de Lorraine, du moins la plus grande partie alsacienne, appartenait au roi de Germanie, et que notre cher pays était passé aux Allemands, sans secousses et comme tout naturellement. Il faut graver ces détails dans votre mémoire, quelque arides qu'ils vous paraissent, afin d'être à même de répondre à des objections, et de prouver toujours que le droit historique est de notre côté.

On vous dira peut-être aussi que, dans deux ou trois actes publics, entre autres dans une charte donnée par l'empereur Otton III à l'abbaye de Murbach, le roi Conrad est qualifié de : *Chef glorieux des Allemands et des Alsaciens*, ALEMANNORUM ET ALSATORUM DUX GLORIOSUS. A cela vous pourrez répondre que l'empereur Otton avait tout intérêt à faire remonter bien haut la possession de l'Alsace; que d'ailleurs cette charte prouve bien que, même quand ils ont fait partie de l'empire germanique, les Alsaciens n'ont jamais été confondus avec les Allemands, et qu'enfin ces titres, pris même dans les actes les plus authentiques, ne prouvent pas grand'chose, car les souverains d'Angleterre ont porté dans tous les actes publics, pendant plusieurs siècles, les titres de *roys d'Angleterre et de France*.

Un fait éclatant prouve du reste que les Allemands eux-mêmes reconnaissaient à cette époque la légitimité des droits de la couronne de France sur l'Alsace, et que les deux ou trois historiens qui ont prétendu que Conrad, en érigeant la Souabe en duché en 918, avait nommé Burkard duc de Souabe *et d'Alsace*, ont commis une erreur grossière ou un acte de mauvaise foi.

Henri Ier, beau-frère de Conrad, lui avait succédé. Comme il était en train de prendre des oiseaux à la pipée, quand les seigneurs de Germanie vinrent lui annoncer, en 919, son élection, on l'a surnommé l'*Oiseleur*. Aussitôt élu il demanda un traité de paix à Charles le Simple.

Dans ce traité, Charles prend le titre de *roy des*

Français-occidentaux et Henri celui de *roy des Français orientaux*, puis, comme pour affirmer hautement que le Rhin est bien la frontière reconnue des deux nations, Charles campa sur les bords du fleuve du côté de Bonn, et Henri établit son camp en face, sur l'autre bord. « Deux jours se passèrent en négociations, dit un vieil historien; enfin, le mercredi des ides de novembre, les deux roys se rendirent dans un grand bateau placé au milieu du Rhin et aménagé pour les recevoir. Ils y entrèrent, ayant chacun à leur suite des évêques et des comtes de leur royaume. Les évêques du côté de Charles étaient tous du royaume de Lorraine, à la réserve de Boson, évêque de Châlons, dont Charles avait épousé la sœur. Au contraire nul évêque de Lorraine n'était du côté de Henri; tous avaient leur siége au-delà du Rhin, à l'exception des évêques de Mayence et de Worms; car, quoique ces villes fussent situées à la gauche du Rhin, elles étaient cependant renfermées dans le royaume de Germanie. »

Il est donc clair, d'après ces détails, que Henri l'Oiseleur n'avait aucune prétention sur le royaume de Lorraine, que le Rhin était bien la séparation reconnue, et que par conséquent l'Alsace, en 921, relevait encore de la couronne de France.

De plus l'année suivante, au concile qui se réunit à Coblentz, d'accord avec les deux souverains pour resserrer la discipline ecclésiastique et réformer les vices qui s'étaient glissés dans le clergé, Herimann, archevêque de Cologne, et Richewin, évêque de

Strasbourg, se présentent au nom du roi de France, leur légitime souverain.

Quoi qu'en disent les écrivains favorables à l'Allemagne, la conquête du royaume de Lorraine, et par conséquent de l'Alsace qui en faisait partie, ne lui fut pas facile. Après que Charles le Simple eut été défait à la bataille de Soissons livrée contre l'usurpateur Robert, duc des Français, qui y fut tué, et, à la suite de cette défaite, enfermé à Péronne, Henri se jeta sur l'Alsace et mit garnison dans Saverne. Les Lorrains et les Alsaciens, ne voulant à aucun prix passer sous la domination allemande, envoyèrent des députés à Raoul, duc de Bourgogne, qui venait de s'emparer de la couronne de France, et lui offrirent le royaume de Lorraine. Raoul s'empressa d'accepter, et se rendit à Mouzon pour y recevoir l'hommage de la noblesse et du clergé qui l'y attendaient. C'est là que Wicgerie, évêque de Metz, le supplia de se mettre à la tête des milices d'Alsace et de Lorraine pour chasser les troupes allemandes de Saverne qui ravageaient tout le pays, parce qu'il ne voulait pas se soumettre à Henri. Saverne fut assiégée et au bout d'un long siége les troupes allemandes durent rendre la ville à l'évêque de Metz, qui fit raser ses fortifications, afin d'éviter qu'elle fût perpétuellement le point de mire des partis.

Deux hommes, Rotgaire, archevêque de Trèves, et Gilbert qui rêvait l'érection d'un duché de Lorraine à son profit, engageaient Henri à passer le Rhin, afin de voir si l'anarchie qui régnait en France ne déciderait pas quelques seigneurs d'Alsace et de Lorraine à se jeter dans ses bras.

Il trouva, au contraire, une telle résistance chez les peuples, qu'il ravagea tout le pays, enlevant les troupeaux, pillant les châteaux et même les églises, et emmenant les jeunes gens en esclavage.

Raoul rassembla à la hâte une armée et marcha vers le Rhin, que le souverain allemand repassa vivement.

Mais, profitant de la révolte des Normands qui appelait toute l'énergie de Raoul, Henri franchit de nouveau le fleuve et s'empara de Zulpic ou Tolbiac près de Juliers. Alors quelques seigneurs de Lorraine, voyant la puissance des rois de France sans cesse ébranlée, se soumirent à lui et lui offrirent le pays.

Cependant ce ne fut que plus tard que l'Alsace cessa sa résistance.

Les Hongrois, qu'on appelait aussi Huns, car ils étaient de la même famille, après avoir ravagé l'Europe, préparèrent des barques dans la forêt Noire, traversèrent le Rhin à la hauteur de Huningue (dont le nom vient de là) et se jetèrent sur l'Alsace. Le comte Luitfried IV, un descendant du duc Attic, de la famille de sainte Odile, à la tête des milices alsaciennes, se jeta au-devant d'eux et tenta de les arrêter, mais son petit corps d'armée fut broyé et lui fut massacré.

Ils commirent d'épouvantables atrocités, enlevant des prisonniers pour les dévorer et boire leur sang. Les trois collines qui surplombent le sud de la vallée d'Andlau ont été probablement le théâtre de quelque orgie de sang, car elles se nomment *la montagne des Hongrois (Ungersberg)*.

Henri l'Oiseleur attendit ces bêtes sauvages au retour et les écrasa à la bataille de Mersebourg, sauvant ainsi l'Europe affolée de terreur.

Ce fut la reconnaissance seule qui amena la soumission de l'Alsace à Henri, et cette soumission fut personnelle, car, sous le règne de son fils Othon, elle ne cessa de prendre le parti de Louis d'Outremer. Les guerres civiles de la France, l'anéantissement de la race de Charlemagne, l'avènement des usurpateurs Capétiens et, surtout, les grands priviléges que les empereurs lui accordèrent, amenèrent seules chez le peuple alsacien la résignation aux faits accomplis.

VII

STRASBOURG LIBRE

Tout Strasbourg était en fête, le peuple se pressait dans les rues et les places, les fenêtres étaient encombrées, les toits étaient couverts de curieux. Les cloches de toutes les églises sonnaient à grande volée. Sur la place de la cathédrale, qui n'était pas encore le merveilleux monument d'Erwin de Steinbach, étaient rangés les chanoines du chapitre noble, en grand costume, entourés des membres du clergé séculier de la ville et des représentants de toutes les communautés religieuses du diocèse.

On était à la fin de mars de l'an de grâce 1260.

Tout à coup le murmure confus et puissant à la fois par lequel les foules annoncent l'approche d'une chose attendue, s'éleva, en grandissant sur la ville. Peu à peu, on distingua le bruit éclatant des trompettes, qui précédaient une foule de hérauts d'armes marchant solennellement la masse sur l'épaule et portant brodées sur la poitrine, les armes de la haute et puissante maison de Geroldseck, écartelées de celle de la ville de Strasbourg. A cinquante ou soixante pas en arrière, monté sur un magnifique cheval richement caparaçonné, s'avançait un cavalier de haute mine, à l'air arrogant, portant la mitre en tête et un manteau d'évêque jeté sur une armure étincelante.

Derrière lui, éblouissant et innombrable, caracolait un nombreux état-major, composé des représentants des plus hautes familles d'Alsace, les Habsbourg, les Hunebourg, les Hanau, les Freudner, les Lichtenberg, les Linange, les Flachsland, etc., etc.

Ensuite chevauchaient Berthold, abbé de Saint-Gall, suivi de mille fantassins ; puis Thibaut, abbé de Marbach, à la tête de cinq cents autres, et enfin les milices de la ville fermaient la marche.

Le fier cavalier, qui entrait ainsi en ville, était Walter de Geroldseck, que les chanoines de la cathédrale, à l'unanimité moins une voix, avaient élu, le 4 du même mois, évêque de Strasbourg, par suite de la mort d'Henri de Stahleck. Il venait prendre possession de son diocèse.

Le chanoine qui n'avait pas voté pour lui était son cousin Henri de Géroldseck, grand chantre du chapitre, qui avait fait cette prédiction : « Cet homme causera des bouleversements dans l'évêché. »

Si vous vous étonnez, mes chers amis, de cet appareil souverain et de cette suite princière, je vous dirai que l'évêque de Strasbourg avait rang de prince-souverain, à cette époque, et que les plus nobles gentilshommes comptaient comme un haut privilége de leur maison de remplir auprès de lui les

fonctions de vicedom (1), de grand maréchal (2), de grand pannetier (3), de grand échanson (4), de grand chambellan (5), etc.

Vous pensez bien qu'un pareil faste était lourd à soutenir; aussi tout était mis à contribution. Chaque bourgeois devait par année à l'évêque cinq jours de prestation en nature, c'est-à-dire cinq journées de travail personnel. La corporation des charpentiers travaillait gratuitement pour lui, tous les lundis de chaque semaine. Celle des armuriers et fourbisseurs fournissait et entretenait ses armes et celles des gentilshommes de sa maison. Les pelletiers étaient chargés de l'approvisionner en fourrures; les selliers, de harnacher ses chevaux. Enfin tout était saigné, jusqu'aux fabricants de gobelets, qui devaient pourvoir la table épiscopale des objets relevant de leur industrie.

Je ne parle pas, bien entendu, des obligations des bouchers, des pêcheurs, des tonneliers, auxquels il ne fournissait que le bois, mais qui devaient fabriquer les tonneaux qui lui étaient nécessaires pour prélever les impôts du vin.

Vous voyez ce que coûtaient à ceux qui travaillaient le faste et le luxe de ces grands seigneurs du bon vieux temps. Cependant l'évêque n'était pas maître

---

(1) Celui qui rendait la justice en son nom, et commandait le contingent à fournir à l'empire.
(2) Ce qu'était le connétable auprès des rois.
(3) Chargé d'administrer le service de la table.
(4) Chargé d'administrer le service de la cave.
(5) Le maître des cérémonies.

absolu de la ville de Strasbourg, qui, comme quelques autres villes d'Alsace, avait reçu des priviléges de la part des empereurs d'Allemagne. Ces souverains avaient compris qu'il fallait un peu cajoler cette population remuante et qui avait plus de souvenirs et d'affinités de race avec la France qu'avec l'Allemagne. Cependant, il faut le dire, ces priviléges, ces chartes, ces constitutions, dont on a fait grand bruit, celles d'Henri l'Oiseleur, de Lothaire, de Frédéric Barberousse, etc., contenaient plutôt des garanties dans la distribution de la justice et des facilités pour l'organisation et le règlement des intérêts de corporation que des libertés politiques. D'ailleurs l'édit de Salerne, par lequel l'empereur Othon II, en 982, conférait aux évêques de Strasbourg le droit de fixer les impôts et de faire haute et basse justice, était encore en vigueur, bien que la ville fût devenue *ville impériale immédiate*, ou plutôt *ville libre*. Malgré tout, les Strasbourgeois, au nom même de ces chartes si illusoires qu'elles fussent, avaient un certain orgueil municipal, que cette entrée triomphale de Walter de Geroldseck effectuée comme dans une ville conquise avait froissé, surtout parce qu'il s'était permis d'écarteler ses armes avec celles de la ville. Toutefois ils ne laissèrent rien paraître de leur ressentiment, qui eut bientôt l'occasion d'éclater. En effet, quelques jours à peine s'étaient écoulés que l'évêque décidait la création de nouveaux droits de péage et l'augmentation des impôts.

Les magistrats de la ville se rendirent auprès de

lui et lui firent respectueusement observer que rien ne motivait cette augmentation de charges, et que, s'ils avaient été heureux d'être sous l'autorité d'un évêque, c'était parce que son caractère sacré avait, jusqu'à présent, été pour eux une garantie de justice et de douceur.

Walther répondit avec hauteur qu'il n'avait pas l'habitude de discuter avec des vassaux; que ses volontés seraient exécutées, et que, s'il rencontrait l'ombre d'une résistance, il commencerait par frapper la ville d'interdit.

Vous savez ce que c'est que l'interdit. C'est la fermeture des églises, la suspension du service divin dans la ville, le refus des sacrements à tous les habitants qui y demeurent; l'ordre d'en sortir à tous ceux qui ont la foi, sous peine de devenir complices des rebelles; l'excommunication contre quiconque y fait pénétrer des vivres; l'interdit lancé contre toute ville qui ferait alliance avec la ville frappée.

Atterrés d'une pareille réponse, les magistrats réunirent le peuple sur le Frohnhoff et la lui firent connaître.

Un seul cri sortit de toutes les poitrines :
— A l'arsenal !

Pour la première fois, des vassaux allaient défendre leurs droits, les armes à la main.

Aussitôt armé, le peuple se porte sur le château d'Haldenbourg, bâti au haut d'une colline, près de Mundolsheim, à quelque distance de Strasbourg, propriété de l'évêque, et il le rase complétement. Après avoir comblé les fossés et bouleversé le terrain d'alentour, de manière à empêcher qu'un corps d'armée ne s'y établissent, les Strasbourgeois rentent dans la ville.

Devant un pareil acte, l'évêque est frappé de stupeur. Il redoute un attentat contre sa personne, et s'échappe, jurant de venger d'une manière terrible l'offense qui lui a été faite.

Il commença par ordonner à tous les membres de la noblesse et du clergé d'abandonner Strasbourg et de venir le rejoindre.

Deux hauts dignitaires du chapitre de la cathédrale refusèrent de lui obéir : Berthold d'Ochsenstein, grand doyen, et Henri de Geroldseck, ce cousin de Walter qui avait voté contre lui. Le sénat de la ville leur adjoignit quelques prêtres, qu'on avait fait venir d'autres diocèses, afin de faire face aux besoins religieux les plus pressants.

De son côté, l'évêque ne perdait pas son temps. De toutes parts les alliances lui arrivaient : l'archevêque de Trèves, à la tête de dix sept cents hommes d'armes; les abbés de Saint-Gall et de Murbach, avec leurs contingents. Le puissant comte Hartmann de Kybourg, accompagné de son neveu, le comte Rodolphe de Habsbourg, lui conduisait de nombreuses troupes. D'autres vaillants capitaines s'empressaient de répondre à son appel. C'étaient Othon et Burckhard d'Ochenstein, Walter de Girbaden, Conrad de Fribourg, Henri de Neubourg, les Gerolsdeck, les Huneberg, les Lichtenberg, etc. Tout cela formait une armée considérable, et l'évêque, homme d'épée plus encore qu'homme d'église, plaça des camps à Ekbolsheim, à Kœnigshoven, à Hausbergen, etc., afin d'investir la place.

Au fond, la querelle de l'évêque contre Strasbourg était un prétexte, et le grand dévouement de la noblesse un acte d'intérêt.

L'empire était la proie de deux prétendants, et Walter de Geroldseck avait, comme presque tout le haut clergé, et sur les ordres du pape Alexandre IV, embrassé le parti de Richard de Cornouailles, dans l'espérance qu'on lui laisserait étendre sa puissance temporelle. Il rêvait la constitution de la basse Alsace en état homogène, placé sous la puissance des évêques de Strasbourg, et avait déjà commencé par usurper de tous les côtés des biens, dont il faisait cadeau à ses partisans. Voilà pourquoi il lui en arrivait de tous les côtés.

Il faut d'ailleurs, mes chers amis, vous défier de la réputation que les intéressés ont faite à la chevalerie et à la loyauté de cette époque, pendant laquelle on ne pensait, disent-ils, qu'à combattre pour délivrer le saint Sépulcre, pour l'honneur des dames et la protection des orphelins.

C'était le temps du mépris du droit et du respect de la force. Quelques années avant ces événements, le duc d'Autriche s'emparait par trahison de Richard Cœur de Lion roi d'Angleterre, l'oncle même de Richard de Cornouailles, au moment où ce roi revenait de la Terre-Sainte, parce qu'il avait à venger une vieille injure. Il est vrai qu'indigné, l'empereur lui donna l'ordre de remettre immédiatement Richard entre les mains de ses envoyés, ce à quoi l'autre ne consentit qu'à la condition que l'empereur lui verserait 60,000 marcs. L'empereur, lui, était trop grand prince pour se contenter d'une aussi petite rançon; aussi, après avoir tenu Richard pendant dix-huit mois en prison à Mayence, à Worms et à Triefels, ne le relâcha-t-il que contre 150,000 marcs.

Mais, mes chers amis, me direz-vous, que faisait donc le gouvernement anglais, pendant que le souverain était ainsi tenu en captivité? Ah! le gouvernement anglais, il était aux mains du bon frère de Richard, Jean sans Terre, le père de ce Richard de Cornouailles. Jean sans Terre ne vit jamais plus belle occasion de monter sur le trône. Il avait fait proposer à Philippe II, roi de France, à Philippe-Auguste, un roi chevalier aussi, ami de Richard et son compagnon d'armes en Terre sainte, de l'aider à usurper cette couronne; Philippe-Auguste avait des scrupules, et il ne consentit à devenir le complice de cette infamie qu'à la condition qu'on lui laisserait envahir la Normandie. Pauvre Richard! Il ne valait, du reste, pas mieux que ses persécuteurs; car, remonté sur le trône, il alla mourir comme un voleur de grand chemin, en essayant de prendre le château de Limoges, où l'un de ses vassaux, le comte Vidomar de Limoges, avait enfermé un trésor considérable qu'il avait trouvé, et dont il avait cependant donné le tiers à son souverain! Ceux-là étaient les souverains, jugez de ce qu'étaient les petits hobereaux.

Revenons donc à l'évêque Walter de Geroldseck.

Donc les chevaliers accouraient de toutes parts se ranger sous sa bannière, et la ville de Strasbourg semblait perdue; mais on avait compté sans l'intrépidité alsacienne.

Les magistrats de la ville commencèrent à déclarer traîtres et félons tous les chevaliers qui avaient abandonné Strasbourg, decrétèrent qu'ils étaient déchus de leurs charges et titres, confisquèrent leurs propriétés mobilières et rasèrent leurs maisons.

En même temps, avec une justesse de coup d'œil extraordinaire, ils comprirent que la lutte serait terrible et qu'il fallait approvisionner la place. Ils multiplièrent les sorties, firent des razzias de bestiaux dans les villages environnants, détruisirent les ouvrages de l'ennemi, attaquèrent sans cesse ses convois et s'emparèrent même d'une importante quantité d'armes et d'armures que l'archevêque de Trèves avait fait venir des meilleures fabriques de l'Allemagne.

L'évêque de Strasbourg ayant un jour surpris entre Holzheim et Lingoholzeim un petit poste qui s'était cependant assez bravement défendu, pour avoir pu obtenir de rentrer en ville avec les honneurs de la guerre, se figura qu'il lui serait facile d'enlever par un rapide coup de main le château de Kœnigshoven, qui défendait un des faubourgs.

Mais un des officiers strasbourgeois, de garde à une porte voisine, remarqua que, pour accélérer sa marche sur le château fort, Walter avait donné l'ordre à l'archevêque de Trèves qui commandait l'arrière-garde, de laisser une poignée d'hommes à la garde des bagages et des vivres et de le rejoindre rapidement.

Aussitôt il rassembla quelques hommes, s'élança sur les bagages et les vivres de l'armée épiscopale, massacra l'escorte et, avant qu'on eût eu le temps de s'apercevoir de cet audacieux coup de main, fit pénétrer le tout dans la ville, aux cris de joie de la population.

Walter entra en fureur. Il choisit l'élite de ses troupes, les divisa en trois colonnes d'attaque, prit le commandement de la première, confia celui des autres aux sires de Lichtenberg et de Hunenberg, et il tenta un assaut. Ces trois colonnes menées vigoureusement après avoir franchi la muraille, surpris et massacré la garde de la porte Sainte-Aurélie, défoncèrent cette porte et pénétrèrent dans le faubourg.

Les assiégés ne s'y attendaient pas, et ce point était dégarni. Déjà les hommes de l'évêque commençaient à piller, quand un enfant donna l'éveil.

Les troupes municipales accoururent, et un combat terrible s'engagea près de l'église Sainte-Aurélie. On se battit de maison à maison, on se battit pied à pied, à coups de pierre, à coups de hache, à coups de couteau, on se battit corps à corps, et les épiscopaux furent repoussés avec des pertes immenses.

C'était le jour de sainte Marguerite : le temps de la vendange approchait ; seigneurs et abbés avaient à faire leurs vins. Walter proposa une trêve de trois mois, qui fut acceptée.

Pendant cette trêve, les éléments de résistance des Strasbourgeois s'augmentèrent et la discorde entra dans le camp de l'évêque.

Ces bourgeois montrèrent une grande finesse politique. Ils envoyèrent des députés aux autres villes de l'Alsace pour leur proposer une alliance, et mirent ainsi dans leur cause Molsheim, Mutzig et Bâle. Colmar cependant hésita et ne se décida qu'à la suite de circonstances que je vous raconterai tout à l'heure. Quant à Obernai, qui déjà à cette époque, par suite du voisinage de sainte Odile, était la pépinière du clergé alsacien, elle était toute dévouée à l'évêque.

En même temps, sentant que la lutte serait sérieuse, les magistrats faisaient acheter de grandes quantités d'armes et de vivres. Partout dans la ville on déployait une activité dévorante; on fortifiait les faubourgs; on s'exerçait sur les places au maniement des armes. Un souffle inconnu jusqu'alors passait sur ces hommes. D'ailleurs des sympathies leur arrivaient même secrètement. Ils étaient informés de bien des choses qui se passaient dans l'entourage de Walter.

C'est ainsi qu'ils apprenaient successivement les effets des froissements que sa morgue avait amenés entre lui et ses alliés. Il se conduisait déjà avec eux comme s'il était souverain de la vallée du Rhin et leur suzerain à tous. Othon et Bourkard d'Ochsenshein, Walter de Girbaden, Conrad de Fribourg et Henri de Neubourg s'étaient, les uns après les autres, brouillés avec lui et étaient partis avec leurs contingents.

Mais bientôt une nouvelle plus grave arriva aux défenseurs de Strasbourg. Un espion fut introduit auprès des magistrats, et leur raconta, qu'à la suite d'une scène d'une grande violence, le comte Hartmann de Kybourg, accompagné de son neveu Rodolphe de Habsbourg, avait quitté le parti de l'évêque.

Le fait était d'autant plus étonnant que le vieil Hartmann, dans un moment de dépit contre son neveu, avait naguère fait un testament en faveur de Walter de Geroldseck.

Voici ce qui était arrivé.

Heureux de se rencontrer avec son neveu et fier de la réputation de grand capitaine que celui-ci s'était acquise, le vieillard avait eu des remords, et avait demandé à l'évêque de le dégager d'une promesse faite sous le coup de la colère :

— N'est-il pas impie, avait-il dit, de dépouiller celui qui est la chair de notre chair et le sang de notre sang?

Walter avait refusé avec hauteur.

Et, comme Rodolphe lui faisait remarquer, qu'en ce temps d'anarchie qui régnait, le pouvoir revenait aux audacieux, qu'il pourrait se faire qu'il arrivât un jour à l'empire, et qu'alors il saurait le dédommager amplement, Walter avait laissé échapper une parole de dédain pour la maison de Habsbourg.

Une scène terrible s'en était suivie, à la suite de laquelle l'oncle et le neveu étaient partis avec leurs troupes.

Immédiatement, et avec un remarquable esprit d'opportunité, les magistrats nommèrent une ambassade qui se rendit auprès de Rodolphe de Habsbourg.

— Nous venons vous rappeler, lui dit l'ambassadeur, qu'en 1228, alors que vous n'étiez encore âgé que de dix-huit ans, le sénat de Strasbourg vous a conféré le titre de capitaine de la ville, ce qui est un honneur brigué par les plus hautes maisons de l'empire. L'instant est venu de remplir les devoirs qu'impose cet honneur, et je suis envoyé par le sénat pour vous inviter à vous rendre immédiatement à Strasbourg et à prendre le commandement en chef des troupes municipales.

Rodolphe répondit à l'ambassadeur qu'il était aux ordres du sénat, et il envoya de tous côtés des courriers aux seigneurs qui avaient quitté Walther.

Le 21 septembre 1261, au bruit des cloches sonnant à toutes volées, aux acclamations des vieillards, des femmes et des enfants en habits de fête, le vieil Hartmann de Kybourg, les Ochsenstein, les sires de Girbaden, de Fribourg et de Neubourg, accompagnés de leurs troupes sous les ordres de Rodolphe de Habsbourg, faisaient leur entrée dans Strasbourg et se dirigeaient vers la cathédrale, en passant au milieu de l'armée municipale composée des corporations de métiers en armes, formant la haie, sous les ordres de leurs capitaines.

Sur la place, toute la noblesse mit pied à terre, et là, de concert avec les magistrats de la ville, on jura solennellement l'alliance avec un dédit de 4,000 marcs d'argent contre quiconque la romprait.

Walter de Geroldseck comprit que le temps serait pour les Strasbourgeois et qu'il fallait brusquer les événements. Afin d'amener une diversion, il envoya d'une scène d'une grande violence, le comte Hartmann de Kybourg, accompagné de son neveu Rodolphe de Habsbourg, avait quitté le parti de l'évêque.

Le fait était d'autant plus étonnant que le vieil Hartmann, dans un moment de dépit contre son neveu, avait naguère fait un testament en faveur de Walter de Geroldseck.

Voici ce qui était arrivé.

Heureux de se rencontrer avec son neveu et fier de la réputation de grand capitaine que celui-ci s'était acquise, le vieillard avait eu des remords, et avait demandé à l'évêque de le dégager d'une promesse faite sous le coup de la colère :

— N'est-il pas impie, avait-il dit, de dépouiller celui qui est la chair de notre chair et le sang de notre sang?

Walter avait refusé avec hauteur.

Et, comme Rodolphe lui faisait remarquer, qu'en ce temps d'anarchie qui régnait, le pouvoir revenait aux audacieux, qu'il pourrait se faire qu'il arrivât un jour à l'empire, et qu'alors il saurait le dédommager amplement, Walter avait laissé échapper une parole de dédain pour la maison de Habsbourg.

Une scène terrible s'en était suivie, à la suite de laquelle l'oncle et le neveu étaient partis avec leurs troupes.

Immédiatement, et avec un remarquable esprit d'opportunité, les magistrats nommèrent une ambassade qui se rendit auprès de Rodolphe de Habsbourg.

— Nous venons vous rappeler, lui dit l'ambassadeur, qu'en 1228, alors que vous n'étiez encore âgé que de dix-huit ans, le sénat de Strasbourg vous a conféré le titre de capitaine de la ville, ce qui est un honneur brigué par les plus hautes maisons de l'empire. L'instant est venu de remplir les devoirs qu'impose cet honneur, et je suis envoyé par le sénat pour vous inviter à vous rendre immédiatement à Strasbourg et à prendre le commandement en chef des troupes municipales.

Rodolphe répondit à l'ambassadeur qu'il était aux ordres du sénat, et il envoya de tous côtés des courriers aux seigneurs qui avaient quitté Walther.

Le 21 septembre 1261, au bruit des cloches sonnant à toutes volées, aux acclamations des vieillards, des femmes et des enfants en habits de fête, le vieil Hartmann de Kybourg, les Ochsenstein, les sires de Girbaden, de Fribourg et de Neubourg, accompagnés de leurs troupes sous les ordres de Rodolphe de Habsbourg, faisaient leur entrée dans Strasbourg et se dirigeaient vers la cathédrale, en passant au milieu de l'armée municipale composée des corporations de métiers en armes, formant la haie, sous les ordres de leurs capitaines.

Sur la place, toute la noblesse mit pied à terre, et là, de concert avec les magistrats de la ville, on jura solennellement l'alliance avec un dédit de 4,000 marcs d'argent contre quiconque la romprait.

Walter de Geroldseck comprit que le temps serait pour les Strasbourgeois et qu'il fallait brusquer les événements. Afin d'amener une diversion, il envoya un corps considérable dans le Val de Villé, qui faisait partie des domaines des Habsbourg.

Comme il l'avait prévu, le comte Rodolphe se porta de ce côté. Ce mouvement causa l'entrée de Colmar dans la ligue des villes.

Voici ce qui arriva :

Comme je vous l'ai dit, Colmar hésitait. Le parti noble tenait pour l'évêque et le parti populaire pour Strasbourg. Ce dernier avait pour chef Jean Rœsselmann, schulteiss ou prévôt de la ville, fils d'un cordonnier et le premier plébéien qui fût arrivé à une telle situation. Au contraire de bien des gens, sa fortune ne lui avait pas tourné la tête, et il avait compris que la victoire des Strasbourgeois serait profitable à la liberté de toutes les villes alliées. Malheureusement, il ne trouva pas dans le peuple de Colmar l'énergie de celui de Strasbourg, et, après une tentative infructueuse, il fut chassé par le parti épiscopal triomphant. On nomma à sa place un membre de la puissante famille des Rathsamshausen, qui prit de vigoureuses dispositions pour la défense de la ville qu'on s'attendait à voir attaquée à chaque instant par l'armée de Rodolphe. En effet Rœsselmann était allé trouver ce dernier, et il avait tout arrangé pour une surprise.

C'était un homme d'une grande intrépidité que ce Rœsselmann.

Il s'entendit avec un vigneron des environs, s'introduisit dans un tonneau et se laissa rouler ainsi jusque dans la ville. Une fois arrivé, il attendit la nuit ; puis il se rendit chez ses partisans, auxquels il fit prendre les armes dans le plus grand silence. Ils se dirigèrent par des chemins différents vers l'une des portes et s'en emparèrent sans coup férir. Alors Rœsselmann fit allumer des bottes de paille, que ses hommes élevèrent au bout de leurs piques.

C'était le signal convenu avec Rodolphe, qui prit ainsi possession de la ville, pendant le sommeil des habitants. Ceux-ci furent stupéfaits, en assistant, le lendemain matin, à l'entrée de l'armée conduite par le comte et par Rœsselmann, aux cris enthousiastes de *Habsbourg! Habsbourg!*

Quelques jours après, les partisans de l'évêque essayèrent d'une ruse pareille qui leur avait déjà livré un faubourg, quand Rœsselmann fondit sur eux avec une telle vigueur qu'il les mit en déroute. Mais il fut tué dans l'action.

Rœsselmann, mes chers amis, est un de ces noms qu'il faut retenir. C'est celui d'un homme qui fut le fils de ses œuvres et qui consacra son intelligence, son énergie et sa vie à ceux dans les rangs desquels il était né. Ces hommes sont assez rares dans l'histoire pour que leur mémoire mérite d'être conservée.

Dès qu'ils apprirent que Colmar était entrée dans l'alliance, les bourgeois de Mulhouse firent savoir à Rodolphe qu'il n'avait qu'à se présenter devant les portes pour qu'elles s'ouvrissent devant lui. Il entra dans la ville en effet, mais on mit trois mois à prendre le château qui tenait pour l'évêque et que défendait un officier rempli de bravoure et d'énergie.

Vous devez penser à tous les maux que cette malheureuse guerre civile amenait sur le pays !

Comme les récoltes en blé et en vins avaient été magnifiques, c'était à qui rançonnerait les malheureux paysans. Les villes attaquaient les villages relevant des fiefs de l'évêque ou de ses partisans; les troupes épiscopales attaquaient indifféremment tout, afin de vivre. Ce n'étaient que pillages, meurtres, incendies, ruines.

De tous les seigneurs de l'armée de Walter les plus féroces à coup sûr étaient les sires de Wickersheim. Les horreurs qu'ils commettaient dépassaient tous les rêves de l'imagination la plus déréglée. Les cris de désespoir de leurs victimes passèrent par-dessus les murs de Strasbourg et soulevèrent l'horreur et l'indignation. Les magistrats se rassemblèrent et décidèrent qu'ils feraient un exemple. Il fut résolu qu'on raserait leur château, qui était situé sur la Bruche.

Une colonne fut lancée sur le village de Breuschwickersheim, qui fut enlevé en un clin d'œil, le château pris d'assaut, ses défenseurs massacrés et le feu mis aux quatre coins. Dans la plaine, les clochers de tous les villages se mirent à sonner le tocsin et l'évêque aperçut de loin cet incendie.

Il prit le commandement d'un petit corps d'armée et marcha vers les lueurs.

Je vous ai dit que les vendanges avaient été extraordinairement productives; les Strasbourgeois avaient donc trouvé les caves du château, comme celles du village, admirablement fournies, et, ne pouvant emporter tout ce vin dans la ville, ils s'étaient décidés à en boire sur place le plus possible.

C'est complétement ivres que Walter les surprit. Les moins pris de vin néanmoins battirent en retraite en bon ordre, mais à la condition d'abandonner les autres, qui furent impitoyablement massacrés. La petite colonne expéditionnaire hachée, décimée, parvint cependant à rentrer dans Strasbourg en brûlant les villages d'Achenheim, de Schœffolsheim et de Wolfisheim, afin de retarder la marche des poursuivants.

Pour se venger de l'incendie de ces villages qui tenaient pour lui, l'évêque ravagea les terres de tous les gentilshommes qui avaient embrassé la cause de Strasbourg, coupant les arbres et les vignes et donnant la propriété aux plus dévoués des siens.

Une des positions les plus avantageuses pour l'armée épiscopale était celle de la haute tour de l'église de Mundolsheim, qui dominait plusieurs routes.

Les magistrats décidèrent qu'elle serait abattue et, le 8 mars 1262, dès le matin, Raimbaud de Liebenzeller, un vaillant officier qui avait quitté le service de Walter pour celui de la ville, partit avec une petite colonne composée de fantassins et d'une poignée de cavaliers, pour protéger les ouvriers chargés de raser la tour et l'enceinte du cimetière.

Au moment où le corps de Liebenzeller arrivait à Mundolsheim, tous les clochers des villages sonnèrent l'alarme. Il comprit qu'il allait être attaqué par l'armée épiscopale, dont c'était le signal de ralliement, et il envoya des courriers dans Strasbourg. Ceux-ci, penchés sur le col de leurs chevaux, traversaient bride abattue les faubourgs, en criant *Aux armes! aux armes!*

Ils avaient aperçu en route l'armée de Walther, qui pouvait être évaluée à six mille fantassins et à trois cents chevaliers, commandés par l'évêque en personne.

Pendant que, dans la ville, les femmes sonnaient le tocsin, que tous les citoyens s'armaient à la hâte et couraient au lieu de réunion des corporations, Liebenzeller, comprenant qu'il ne pouvait rester à Mundolsheim et, d'autre part, ne voulant pas abandonner les hauteurs, s'étendit en cordon sur le haut Hausbergen. Bien lui en advint, car, au moment où il opérait sa jonction avec les troupes municipales qui arrivaient au pas de course, enseignes déployées, sous le commandement de Nicolas Zorn, Walther de Geroldseck débouchait sur le plateau à la tête de sa chevalerie.

Walther ne comprit rien au mouvement de recul des Strasbourgeois, et il crut que les manants s'apprêtaient à fuir devant les chevaliers; cependant, avant de donner le signal de l'attaque, il jugea prudent d'attendre son infanterie.

Liebenzeller et Zorn s'étaient rejoints et serré la main, en se félicitant mutuellement d'avoir à combattre l'un à côté de l'autre. Puis, prenant le commandement en chef, Liebenzeller harangua son armée :

Mes amis, mes frères, c'est aujourd'hui que nous pouvons conquérir la liberté pour vous, vos femmes et vos enfants, et les enfants de vos enfants. Il suffit de combattre bravement pour la patrie et pour ses droits. Songez que, si nous reculons, ce n'est pas seulement l'avenir qui est perdu, c'est même le passé, car c'est l'esclavage qui nous attend. Imitez-moi et versons plutôt jusqu'à la dernière goutte de notre sang pour la liberté des nôtres.

Cette harangue fut saluée par les *hourrah* de toute l'armée.

Alors il disposa son ordre de bataille. Il plaça au centre la cavalerie bardée de fer, qui alors était l'arme de résistance, et s'en réserva le commandement. Les archers et les arbalétriers, troupes légères, furent disposés sur les ailes sous les ordres de deux intrépides officiers, Hugon Kuchenmeister et Henri Eich, avec consigne d'alterner le tir, afin que sans cesse l'ennemi fût criblé. Enfin, derrière la cavalerie, était masquée la grosse infanterie municipale composée des bouchers et des pelletiers, hommes forts et courageux, habitués à manier le coutelas, et qui, sous le commandement de Nicolas Zorn, étaient chargés d'une besogne spéciale.

Les vieux chevaliers, qui avaient fait la guerre, firent remarquer à Walther la savante ordonnance de l'armée strasbourgeoise, nombreuse, admirablement commandée, et déjà maîtresse des meilleures positions, et ils lui conseillèrent la plus grande prudence avant d'engager l'action.

L'évêque les insulta presque en leur répondant, qu'un homme d'église allait faire voir aux chevaliers comment on châtiait des esclaves révoltés. Ces vieux guerriers bondirent sous l'injure et demandèrent la bataille. Comme l'infanterie arrivait, l'un d'eux, le chevalier Beckelar, lança son cheval sur le front de l'armée strasbourgeoise pour provoquer quelqu'un en combat singulier. Le chevalier Marx d'Eckwersheim sortit des rangs et, après quelques passes, pendant lesquelles les deux adversaires eurent leurs chevaux tués, le chevalier Beckelar tomba mort.

Cette défaite d'un chevalier de son armée fit à Walther l'effet d'une injure personnelle, et, fou de colère, il poussa le cri de guerre des Geroldseck et s'élança suivi de sa chevalerie. Zorn guettait ce moment. Pendant que Liebenzeller, avec sa grosse cavalerie, recevait le choc, les bouchers et les pelletiers se glissaient sous les lourds chevaux des chevaliers et les éventraient. L'évêque eut ainsi deux chevaux tués sous lui, et, voyant toute sa noblesse forcée de combattre à pied comme lui, il donna l'ordre à l'infanterie d'entrer en ligne.

A peine se fut-elle ébranlée qu'une foule de traits l'accabla. Chaque fois qu'elle croyait profiter, pour faire un pas en avant, du moment où une aile était obligée de bander les arcs ou de tendre les arbalètes, l'autre aile la criblait de flèches et de carreaux. Elle fut immobilisée ainsi par les savantes manœuvres de Kuchenmeister et d'Eich.

La bataille était perdue, les plus braves chevaliers de l'armée épiscopale avaient mordu la poussière, et Walther combattait toujours. Enfin son écuyer Wolcelin Meyenris d'Achenheim et son fidèle ami le chevalier Bourkardt Murnhardt l'arrachèrent au champ de bataille et l'aidèrent à faire sa trouée et à

échapper à l'ardente poursuite des cavaliers strasbourgeois.

Dans cette bataille, l'armée municipale ne compta que quelques blessés, parmi lesquels un Ochsenstein, un Girbaden et un Hohenstein; plus un disparu, un boucher, nommé Bilgerlein, qui fut fait prisonnier et qu'on massacra après la bataille, dans le village de Geispolsheim.

Dans l'armée de Walther, treize cents fantassins restèrent sur le carreau. Quant aux chevaliers, ceux qui survivaient étaient prisonniers, et parmi les morts on reconnut le sire de Tiersberg, le chevalier Waffeler et ses deux fils, les trois frères d'Eckerich, les trois frères Scholl d'Ensisheim, les deux Uszelin de Wendenheim, Beger qu'on nommait le Burgrave rouge, les sires Jean de Werd, Jean de Buttenheim, Thierlein et d'autres encore des plus renommés.

La joie de Strasbourg tenait du délire, et jamais rentrée de troupes victorieuses ne causa un enthousiasme semblable à celui des habitants, quand l'armée municipale apparut marchant en bon ordre, couverte de sang et de butin, sous les ordres de ses quatre braves généraux Liebenzeller, Zorn, Kuchenmeisher et Eich.

Au centre étaient placés les chevaliers prisonniers, parmi lesquels on remarquait le maréchal de Hunebourg, le vieux landegraf Sigebert de Werde, trois Landsperg, trois d'Andlau, etc., etc. Ils avaient les mains attachées avec des cordes...

Ne vous récriez pas, mes chers amis, ces cordes étaient celles qu'on avait trouvées après les selles de leurs chevaux, et qui devaient servir, ils l'avaient avoué, *à pendre les manants révoltés de la ville de Strasbourg.*

Les *manants* victorieux furent plus humains que ne comptaient l'être ces nobles chevaliers, car ils ne leur infligèrent que cette humiliation pour toute représaille.

On les consigna dans le *Bruderhof*, habitation des chanoines de la cathédrale.

Walther de Geroldseck envoya quelques-uns des chanoines qui l'avaient suivi pour faire des propositions de paix au sénat, et pour demander si son frère, Hermann de Geroldseck, qu'il se rappelait avoir vu tomber à ses côtés, était parmi les prisonniers. Il ne s'y trouvait pas. La ville ordonna des recherches et promit une récompense de cent marcs d'argent à qui le représenterait mort ou vivant, déclarant, par contre, qu'elle punirait du bannissement et de la confiscation quiconque le retiendrait captif.

Le lendemain, un vieux mendiant se présenta à la municipalité, et raconta, qu'étant sorti après la bataille avec les autres pauvres de la ville pour dépouiller les morts, il avait rencontré un blessé qui l'avait prié de le traîner jusqu'à une maison du village, lui promettant une riche récompense. Il allait le faire, quand ce chevalier eut l'imprudence d'ajouter qu'il devrait après cela, se rendre à Dachstein, pour prévenir son frère, le seigneur évêque. Voyant alors qu'il avait affaire à un Geroldseck, le vieux avait ramassé une arme et l'avait achevé.

Comme preuve de la vérité de son récit, il sortit de

ses haillons deux mains pleines de sang figé. C'étaient celles d'Hermann de Geroldseck, qu'il avait simplement coupées pour lui prendre ses anneaux d'or, avant d'enterrer le corps.

Les Strasbourgeois chargèrent les chanoines de porter cette triste nouvelle à l'évêque, et de lui annoncer en même temps que la ville consentait à une trêve, du vendredi après la mi-carême jusqu'au quinzième jour qui suivrait Pâques. Durant cette trêve on devrait négocier une paix définitive.

On était en pleines négociations à Haguenau, et, malgré les conseils du comte de Geroldseck, son père, des chanoines de la cathédrale de Saint-Thomas, et même de l'empereur Richard en personne, l'évêque Walther essayait de traîner en longueur, discutant tel article, repoussant tel autre, chicanier, irritable, arrogant, provocateur. Un jour, devant ses amis, qui lui faisaient observer que sa résistance était inutile, il répondit qu'avant peu on verrait qu'il n'était pas encore vaincu, et que les chevaliers, ses amis, le rejoindraient d'un moment à l'autre.

Le propos fut rapporté au sénat, qui visita immédiatement l'endroit du Bruderhoff assigné aux chevaliers prisonniers. Ils avaient creusé un passage conduisant à une cave, et, de là, à un souterrain menant hors de la ville.

Furieux, les magistrats les firent enchaîner comme des malfaiteurs, et déclarèrent que, si l'évêque n'en finissait pas, ils étaient prêts à recommencer la guerre, cette fois sans trêve ni merci, jusqu'à extinction d'un des partis.

Alors l'empereur s'interposa. Il déclara Strasbourg ville libre, ne relevant que de l'empire, mit à néant les sentences impériales et papales prononcées contre elle; homologua, sur l'attestation par serment solennel de douze vieux bourgeois désignés *ad hoc*, les priviléges, us et coutumes reconnus naguère par l'évêque Berthold, accorda le droit à la ville de nommer à l'élection ses magistrats et fonctionnaires, de contracter des alliances et de secourir ses alliées, interdit la construction d'aucune forteresse à moins d'une lieue du périmètre de la ville, ordonna que toutes les armes, enlevées de la ville ou prises sur les bourgeois, seraient immédiatement rendues, consentit à ce que les bourgeois seuls eussent le droit de nommer les assesseurs de la prévôté, le directeur du péage ou des contributions, le chef de la monnaie, etc.

Quant à l'évêque, il pouvait nommer le burgrave, mais parmi les nobles strasbourgeois seulement; il conservait le droit de choisir le prévôt, mais en le prenant parmi les candidats bourgeois présentés par le sénat. Il lui était défendu de faire des levées d'hommes pour soutenir ses démêlés particuliers.

Il était condamné en outre à payer au landgraf Rodolphe de Habsbourg, auquel on reconnaissait le droit d'avocatie ou de protectorat pour la ville de Rouffach et pour toute la partie de l'Alsace appelée le *Mundat*, une indemnité fixée à 700 marcs d'argent, c'est-à-dire 7,000 francs de notre monnaie, somme très-forte pour l'époque.

Mulhouse et Colmar rentraient sous l'autorité de l'évêque, mais à la condition qu'il ne pourrait imposer à Mulhouse aucune charge nouvelle et qu'il ne pourrait rien décider, concernant Colmar, sans le consentement de la ville et du comte Rodolphe.

Walther refusa de signer ce traité et même d'y apposer son sceau. Ce fut son père le comte de Geroldseck qui le conclut en son nom. Par contre, la ville refusa de relâcher les prisonniers faits à la bataille d'Hausbergen, jusqu'à ce que l'évêque eût signé et juré. Ils restèrent donc en otage jusqu'à la mort de ce dernier, arrivée le 12 février 1263.

Henri de Geroldseck, grand chantre du chapitre, cousin de Walther, qui avait refusé de reconnaître l'interdit, fut nommé à sa place, et la ville ordonna l'érection des statues de ses quatre généraux Raimbaud Libenzeller, Nicolas Zorn, Hugues Kuchemneister, et Henri Fich, ainsi que de celle du comte Rodolphe.

Telle fut, mes amis, la première révolution de Strasbourg.

VIII

LA CATHÉDRALE DE STRASBOURG.

Lorsque vous irez visiter la cathédrale de Strasbourg, mes chers amis, je vous recommande de regarder attentivement, dans la chapelle consacrée à saint Jean-Baptiste, un superbe sarcophage gothique sur lequel est étendu un évêque, la mitre en tête, la crosse à la main et un lion sous les pieds.

Vous lirez sur le mur une inscription en latin qu'il ne vous sera pas facile de comprendre, à cause des abréviations, mais dont voici la traduction exacte :

L'an du Seigneur 1299, pendant les kalendes d'août, mourut le seigneur Conrad, deuxième né de Lichtenberg,

Evêque de Strasbourg.

Celui qui brillait par toutes les bonnes conditions qui doivent concourir à faire un homme mondain, sans que cependant elles le fissent paraître tel, est enterré ici.

Il siégea vingt-quatre années et six mois.
Priez pour lui.

Cette allusion assez entortillée aux qualités mondaines de l'évêque n'est pas sans un peu de malice. C'est que Conrad de Lichtenberg était, en effet, plutôt un homme du monde qu'un homme d'Eglise.

Ami intime du comte Rodolphe de Habsbourg, il avait ce qu'il faut pour séduire les masses. Il était admirablement beau, mais d'une beauté mâle et énergique. Quoique descendant d'une des plus anciennes et des plus illustres familles alsaciennes, il n'avait pas la morgue hautaine de la plupart des grands seigneurs de ce temps. Certes il était guerroyeur comme eux, mais, c'est en combattant aux côtés de son ami, l'empereur Rodolphe de Habsbourg, *le grand redresseur de torts*, celui dont le poëte Schiller a pu dire : *Et il y eut encore un juge sur la terre*, qu'il satisfaisait sa passion guerrière et qu'il acquérait la réputation d'un chevalier accompli. En outre, il aimait la poésie et les arts.

Tout cela, mes chers amis, vous le comprenez bien, était un peu au détriment de l'austérité imposée à un prince de l'Eglise. Cependant peut-être ne faut-il pas attribuer le blâme contenu dans son épitaphe uniquement aux côtés *mondains* de son caractère, mais plutôt à la jalousie, qu'excita chez quelqu'un de ses successeurs, la gloire éternelle qu'il s'est acquise en attachant son nom à l'œuvre d'Erwin de Steinbach, ce dont d'ailleurs il n'est fait aucune mention sur son tombeau.

A l'époque où Conrad de Lichtenberg fut élevé à l'évêché de Strasbourg, la cathédrale n'avait rien de commun avec l'admirable monument que tout le monde connaît, sinon pour l'avoir visité, du moins pour en avoir vu des gravures.

Les deux vieux chroniqueurs alsaciens, Closner et Kœnigschofen, disent ceci :

« Cependant ce Munster ne fut pas construit, pour la première fois, ni aussi grandement, ni aussi richement qu'il l'est aujourd'hui. On construisit tout d'abord l'église avec du bois et de la pierre brute, et non avec ces pierres admirables et cette ordonnance grandiose. »

En effet, et cependant l'emplacement qu'elle occupe a toujours été l'objet de la vénération des Strasbourgeois. Il semble avoir eu à la fois une consécration civile et religieuse.

Avant la conquête romaine, ce lieu était un bois sacré, voué à Esus, le dieu de la guerre des Gaulois, nos pères. Quand les Romains s'établirent en Alsace, afin d'empêcher les prédications des druides qui avaient besoin des forêts pour leurs rites mystérieux, ils coupèrent les arbres et construisirent un temple voué à Mars, leur dieu de la guerre à eux.

Quoi qu'il en soit, vouée à Esus ou à Mars, bois sacré ou temple, les Strasbourgeois considéraient cette place comme leur *forum*; ils s'y rassemblaient pour parler des affaires publiques, et, à cette époque, qui disait affaires publiques, disait affaires de guerre.

Il est probable, qu'au moment où Clovis construisit la première cathédrale, le temple romain voué à Mars était déjà rasé par les nouveaux chrétiens, car il ne restait aucune pierre pouvant servir à cette construction. Le chroniqueur Schad dit que le vainqueur de Tolbiac fit cette église en bois, *à la bonne manière franque*, c'est-à-dire assez mal, c'est de cette expression qu'on a dû tirer le dicton : *à la bonne franquette*.

Néanmoins, dès Dagobert, elle dut subir des modifications assez importantes. Le souverain qui a enrichi l'église de Saint-Denis, n'eût pas laissé dans un état de délabrement celle de Strasbourg, lui qui faisait de l'Alsace son séjour favori. Charlemagne y fit construire un chœur en pierre, et Louis le Débonnaire dépensa des sommes considérables pour l'embellir. On racontait, dans le peuple, des histoires merveilleuses qu'y accomplissaient les anges et les saints. Un moine du temps, Ermaldus Nigellus, a chanté ces choses extraordinaires dans un poëme.

Hélas! malgré tous ces miracles, elle fut, à diverses reprises, endommagée ou brûlée par la foudre jusqu'en 1002, où Hermann, duc d'Alsace et de Souabe, ayant battu l'évêque de Strasbourg, mit la ville à sac, pilla les églises et incendia la cathédrale.

L'évêque Werner était à l'empereur Henri ce que l'évêque Conrad de Lichtenberg était à l'empereur Rodolphe. Afin de lui permettre de relever cette église dont il ne restait plus que le chœur, l'empereur lui concéda à perpétuité les revenus de l'abbaye de Saint-Etienne. Malheureusement, en 1007, la foudre tomba sur Notre-Dame (c'était le nom de la cathédrale) et détruisit ce que l'incendie d'Hermann avait épargné. Tout était à réédifier.

Werner ne se découragea pas. La même année, il attira les plus fameux architectes et condensa leurs plans. Il fit amener des pierres de la vallée de Wasselnheim par corvées, ce qui a fait donner à la place de la cathédrale le nom de *Fronhoff*, ou *Place des corvées*. Après avoir ainsi amassé, pendant huit ans, les matériaux, il commença en 1015 à construire un édifice, non plus à la *bonne franquette* comme vous allez le voir. On établit à trente pieds de profondeur des pilotis, solidifiés entre eux par un ciment composé de chaux vive, de briques et de charbon pilés. Près de cent mille ouvriers y travaillèrent, si bien, qu'en 1028, c'est-à-dire treize ans après, la bâtisse montait jusqu'à la toiture. Il est vrai qu'à partir de ce moment la construction alla très-lentement.

Il est bien entendu qu'il n'est question que du bâtiment brut, c'est-à-dire de l'église en pierre pleine. La dentelle de pierre qui le recouvre, on n'osa la rêver que plus tard.

Cet art admirable, qu'on a appelé je ne sais pourquoi le *gothique*, est essentiellement français. Jusqu'au xiv° siècle, on l'appelle sur les bords du Rhin *opus francigenum*, style français. D'ailleurs, si l'on regarde attentivement la carte artistique de l'Europe, on peut voir que le développement de l'art n'a pas dépassé le Rhin et le Danube, anciennes limites de l'empire romain. Tous les beaux monuments sont dans les villes situées sur la rive gauche du Rhin; sur la rive droite, c'est un style lourd et épais, qui devient grotesque lorsqu'il veut se donner de la grâce.

Presque tous les architectes gothiques sont français! Robert de Luzarches, Jean de Chelles, Eudes de Montreuil, Robert de Coucy, maître Perrat. Trois auteurs allemands, Nagler, Franz Kugler et Lubke, disent que la cathédrale de Strasbourg est l'œuvre d'un Français. Faut-il croire, avec M. Gérard, que Erwin de Steinbach n'est que la germanisation du nom de Hervé de Pierrefonds? On ne peut se prononcer d'une manière bien nette, mais on peut constater dans tous les cas, chez lui, une certaine affection pour la France, puisque, dans les sculptures du portail, on trouve les armoiries de saint Louis et de sa mère Blanche de Castille; de même dans la petite église d'Haslach, construite par la fille d'Erwin, on retrouve également, les insignes de la royauté française.

Dans une étude sur la cathédrale, un jeune Alsacien, que la mort a enlevé, à l'âge de trente-deux ans, à l'affection et aux espérances de ses compatriotes, M. Maurice Véran, ajoute un autre argument :

« On se demande pourquoi Clovis et Dagobert, qui, à cette époque, représentaient le sentiment français dans la croyance populaire, occupent une place d'honneur dans la façade, tandis que Charlemagne et Louis le Débonnaire, qui, à la même époque, personnifiaient l'esprit germanique, n'y figurent même pas. La destruction systématique de la bibliothèque de Strasbourg par les Prussiens, pendant le siége de 1870, nous prive de documents à ce sujet. »

Quoi qu'il en soit, un jour, un homme, que l'histoire nomme Erwin de Steinbach, né de ce côté-ci du Rhin, se présenta devant l'évêque Conrad de Lichtenberg et déroula devant lui le plan d'une décoration magique pour la cathédrale.

L'évêque fut saisi d'admiration et sentit là une occasion de s'immortaliser. Cependant il fallait des sommes considérables.

« En 1275, dit M. Louis Spach, un mandement épiscopal passa de ville en ville, de bourgade en bourgade, d'abbaye en abbaye et de château en château, le long du Rhin et dans les deux chaînes de montagnes qui bordent la vallée ; les fonds affluèrent après cette invitation paternelle. En 1276 (février) Erwin posa la première pierre du portail, et pendant quarante ans présida à cette œuvre ; mais sept générations successives devaient encore y apporter leurs sueurs et leurs offrandes, avant que la dernière pierre de la flèche allât toucher les nuages voyageurs et saluer de plus près les étoiles et le ciel. »

L'évêque Conrad donna à Erwin l'ordre de se mettre immédiatement à l'œuvre. De toutes parts les ouvriers arrivaient. Les uns remuaient la pierre, d'autres le fer, d'autres le bois ; ceux-ci ornaient, ceux-là dressaient des échafaudages, qui eux-mêmes étaient des œuvres d'art. Vous croirez que j'exagère, et cependant je ne dis que l'exacte vérité, quand j'affirme que quatre-vingts à cent mille travailleurs vivaient comme des oiseaux perchés à chaque saillie des pierres du *munster* de Strasbourg : *munster* veut dire cathédrale ou dôme. Aussi, suivant la poétique expression de l'évêque, *la bonne cathédrale florissait comme les fleurs de mai.*

Vous comprenez bien, mes chers amis, qu'il ne

suffirait pas d'un volume pour décrire toutes les splendeurs de cette église, la plus splendide de toutes celles qui existent dans le monde entier.

Cependant beaucoup d'entre vous se demanderont comment il se fait que l'art moderne n'ait jamais pu égaler la perfection du gothique, et pourquoi tous les essais d'imitation qui ont été tentés paraissent simplement ridicules; à ne prendre pour exemple que cette grande bâtisse et cette tour malheureuse qui s'élèvent prétentieuses à côté de l'église Saint-Germain l'Auxerrois, en face le Louvre. La chose est facile à expliquer. Il y avait d'abord une foi ardente qui n'existe plus aujourd'hui, et la conviction dans l'œuvre qu'on accomplit est la moitié du succès. Puis, la main d'œuvre ne coûtant presque rien, on n'était pas pressé, et l'on n'avait pas crainte de s'attarder à des détails, auxquels on donnait cette grâce et ce fini qui sont adorables.

Quand je vous ai parlé de la foi, je n'ai pas voulu faire uniquement allusion à la foi religieuse, j'ai voulu parler surtout d'un sentiment profond: vénération, terreur, remords, espérance, amour ou haine.

Certes tous les gens qui vivaient là n'étaient pas des saints, et, avant que le grand Erwin de Steinbach eût fixé les règlements du *corps des architectes tailleurs de pierre* et établi de dures lois d'honorabilité et de solidarité, ceux qui composaient ce qu'on nommait la *corporation des ouvriers de cathédrale* étaient singulièrement mêlés. Quelques-uns arrivaient là pour accomplir un vœu ou une pénitence, fait ou infligée à la suite d'un crime; d'autres pour échapper à la persécution de quelque seigneur ; d'autres encore à la suite de désespoirs effrayants.

De là ces scènes étranges fouillées dans la pierre et que l'on trouve extraordinaires dans une église. Des sujets terribles ou comiques, des drames ou des farces contenus dans quelques centimètres carrés de pierre ; des conceptions fantastiques d'animaux à faces humaines, ou d'hommes à têtes d'animaux. Le petit, l'impuissant, le faible, semble avoir voulu placer devant lui une image de son tyran ou de son persécuteur, pour pouvoir se venger à l'aise, et peut-être aussi le coupable a-t-il reproduit son crime avec la fièvre du remords.

Il n'est pas un pli de cette pierre fouillée, ciselée, dentelée, qui ne cache une histoire obscure. Ah! si chacune de ces statues, chacun de ces ornements, chacune de ces scènes, pouvait s'animer et redire l'histoire de son créateur, quels trésors de légendes!

C'est précisément par là, mes chers amis, que se révèle le côté profondément français de cet art si improprement nommé gothique. Dans ces temps où le silence était ordonné au faible, il ciselait dans la pierre une protestation ou une épigramme contre les grands et les puissants, comme plus tard il leur lança des mots et des chansons au visage. Les ouvriers de tous ces grands architectes que j'ai nommés, les Robert de Luzarches, Jean de Chelles, Eudes de Montreuil, Robert de Coucy, etc., etc., ont semé Notre-Dame de Paris, les cathédrales de Chartres, d'Amiens, de Beauvais, d'Orléans, de Rouen, de Metz, de ces dénonciations et de ces caricatures en pierre. Ces immenses églises suent l'esprit français par tous les pores.

Afin de donner des sécurités à ses successeurs comme à ses ouvriers, d'assurer la continuation fidèle de son œuvre, et d'éviter les actes de mauvaise foi dans les traités, par l'établissement d'une immense ligue, Erwin fixa les statuts de la *corporation des architectes tailleurs de pierre*. Ces statuts précisent les devoirs et les droits de chacun, ceux des maîtres comme ceux des apprentis.

Cette corporation devint une franc-maçonnerie, et quelques-uns disent même la *franc-maçonnerie*. Tous les ateliers d'une contrée relevèrent d'un centre et les centres se proclamèrent solidaires les uns des autres. La mise en interdit d'une ville était acceptée par tous les membres de la corporation en Angleterre, en France ou en Allemagne, et tout attentat commis contre un des membres de la corporation devenait l'affaire de tous. Les princes eux-mêmes respectèrent désormais cette puissante et mystérieuse association. Les statuts ne furent écrits qu'en 1459 par Jodoque Dotzinger, grand maître de la cathédrale de Strasbourg, un des successeurs d'Erwin.

La réputation de talent des architectes tailleurs de pierre d'Alsace était telle, que c'est à la *Loge* de Strasbourg que Jean Galeas Visconti Sforza demanda en 1481 un architecte capable d'achever le dôme de Milan.

Erwin de Steinbach travailla à la cathédrale, son œuvre, pendant plus de quarante ans, aidé de son fils Jean et de sa fille Sabine. Jean lui succéda.

Conrad de Lichtenberg consacrait à la surveillance des travaux tout le temps que lui laissaient les expéditions qu'il faisait aux côtés de son ami l'empereur Rodolphe.

Après la mort de celui-ci, il se déclara pour Albert d'Autriche, fils de Rodolphe, contre l'empereur Adolphe de Nassau, monta à cheval et alla combattre. Quoique Colmar fût tombée entre les mains de l'empereur Adolphe, l'évêque ne se découragea pas. Il forma une ligue dans laquelle entrèrent ses parents et les plus puissants seigneurs de la vallée du Rhin : les Lichtenberg, les Ochsenstein, les Deux Ponts, les Fribourg. Enfin, à la tête d'un corps d'armée, il arriva au secours de l'empereur Albert, fils de son ami, sur le champ de bataille de Gelnhausen, et décida de la défaite d'Adolphe de Nassau, qui fut tué dans la bataille.

Il aurait pu dès lors passer ses jours dans la tranquillité, mais l'amour des armes lui tenait trop au cœur. Il s'amusa à prendre parti pour le seigneur de Fribourg, contre les bourgeois de sa ville. Dans une reconnaissance qu'il poussa à cheval aux pieds des murs de Fribourg, un boucher de garde aux remparts lui lança une flèche qui le blessa mortellement. Il expira à Strasbourg quelques jours après, étant mort, dit un historien, comme il avait vécu, *devant l'ennemi*.

Quant à Erwin, il continua l'œuvre, sûr qu'elle serait menée à bonne fin par son fils et par ses autres successeurs, l'organisation de sa puissante franc-maçonnerie le laissant tranquille sur l'avenir. En effet, les travaux continuèrent sans interruption au milieu des guerres et des révolutions de l'Alsace en général et de Strasbourg en particulier.

Le 24 juin 1439, jour de la Saint-Jean, fut un grand jour pour Strasbourg. Après cent soixante-trois ans de travaux ininterrompus, la carapace de planches tomba, sur l'ordre de maître Jean Hulz de Cologne, le dernier continuateur d'Erwin, et la merveilleuse cathédrale apparut aux yeux éblouis et charmés, *toute pénétrée d'air et de lumière, évidée comme un joujou de Dieppe, lanterne aussi bien que pyramide, qui vibre et palpite à tous les vents*, suivant l'expression de Victor Hugo.

Elle compte 142 mètres, 112 millimètres de hauteur, 74 mètres de plus que les tours de Notre-Dame et 39 mètres de plus que la lanterne du Panthéon. Un seul monument dans le monde est plus haut qu'elle, c'est la grande pyramide d'Egypte, qui pourtant ne la dépasse que de deux mètres.

Ce n'était pas seulement un admirable monument d'architecture et de sculpture qu'on accourait admirer de tous les coins de l'Europe, c'était aussi un chef-d'œuvre d'horlogerie et de mécanique.

La première horloge avait été achevée du vivant même de Conrad de Lichtenberg, en 1252, et elle se trouvait placée dans le transept méridional en face de l'endroit qu'occupe l'horloge actuelle. Les consoles de pierre qui la soutenaient se voient encore dans le mur. Elle était simple au point de vue de l'horlogerie moderne, et cependant bien compliquée pour l'époque. Un cabinet en bois, composé d'un calendrier en forme de disque indiquant par des peintures allégoriques les fêtes mobiles de l'Église; à côté, dans un cadre, des vers sur les propriétés cabalistiques des astres et leur influence sur les destinées des hommes et des peuples; au milieu, un astrolabe marquant la marche du soleil et de la lune, ainsi que les signes du Zodiaque, les mois et les heures avec leurs subdivisions en demies et en quarts. Derrière se trouvait le mouvement. Comme couronnement, une statue de la Vierge, qu'à midi sonnant les trois rois mages saluaient respectueusement, pendant qu'un coq, placé juste au-dessus du cabinet, lançait son cri en remuant le bec et en agitant les ailes; après le douzième coup, le carillon faisait son tintamarre.

L'histoire n'a pas conservé le nom du premier auteur de cette horloge. Moins d'un siècle après, les docteurs Michel Herr, Nicolas Bruckner et Chretien Herlin, professeurs à l'université de Strasbourg et mathématiciens connus, firent venir des ouvriers habiles et commencèrent de nouveaux travaux, que la mort et les événements politiques interrompirent. A peine si l'astrolabe et le cabinet de pierres étaient commencés qu'il fallut tout arrêter.

En 1570, Conrad Rauhfus, dit *Dasypodius*, élève d'Herlin et son successeur dans sa chaire de mathématiques, reprit l'œuvre du maître en la perfectionnant. Il appela deux horlogers fameux de Schaffouse, les frères Habrecht, ainsi qu'un peintre sculpteur décorateur, Tobie Stimmer, et, au bout de quatre années de travaux, le 24 juin 1574, le voile qui cachait l'horloge tomba un peu avant midi.

Quand les douze coups retentirent, ce fut un cri d'admiration devant les prodiges de mécanique qui se révélèrent.

Après avoir été restaurée deux fois par Isaac Habrecht et Jacques Straubhar, descendants des horlogers de Schaffouse dans les années 1669 et 1732, elle s'arrêta en 1789, et ce ne fut qu'en 1838 que l'ingénieur Schwilgué la fit revivre.

Une absurde légende a couru en Allemagne. L'archevêque de Cologne avait demandé, dit-on, au plus habile des frères Habrech, Josias, de faire une horloge semblable pour sa cathédrale, et Conrad de Lichtenberg, furieux de n'être pas le seul à posséder un semblable chef-d'œuvre, lui aurait fait crever les yeux. Alors, ajoute la légende, l'aveugle aurait demandé à être mené à l'horloge pour terminer un détail. Une fois là, il aurait brisé avec sa pince un simple fil et tout le mécanisme se serait détraqué.

Cette histoire, inventée par la jalousie, est absurde, attendu que les Habrecht sont venus à Strasbourg en 1570, et que Conrad de Lichtenberg est mort en 1299.

La vérité est qu'en effet Josias Habrecht était en route pour Cologne, où il avait rendez-vous avec l'archevêque électeur, qui voulait lui faire construire une horloge comme celle de Strasbourg, non pas dans la cathédrale, mais dans son château à Kaiserswœrth, quand sa sœur, qui l'accompagnait, devint subitement aveugle. Il retourna sur ses pas, et à peine arrivé à Strasbourg, tomba lui-même malade et mourut.

Voilà pourquoi l'archevêque de Cologne n'eut pas son horloge.

Hélas! mes chers amis, la nuit du 25 au 26 octobre 1870 présenta un sinistre spectacle. Au milieu de la fumée noire qui s'élevait sur la ville, au milieu du sifflement des obus, des détonations de l'artillerie, des immenses et lumineuses paraboles décrites par les bombes à incendie, la cathédrale se mit à flamber, et des flammes formidables léchèrent sa flèche. Impossible d'apporter du secours, les assiégeants alimentant sans cesse le feu par de nouveaux projectiles.

Les bombes savamment dirigées entraient par les fenêtres du nord et ressortaient par celles du sud; les merveilleux vitraux, chefs-d'œuvre du xiiie et du xive siècle, furent pulvérisés; les fines colonnettes brisées; une foule de statues décapitées; les orgues éventrées pendaient effilochées comme de vieilles loques. La chaire, cette merveille de sculpture gothique, ne dut son salut qu'au blindage dont on l'avait revêtue.

Quant à l'horloge, on se demande par quel hasard elle fut protégée, car un obus a troué le mur au-dessus d'elle.

On dit qu'en entrant dans la ville, les Allemands furent étonnés de n'avoir pas plus dévasté le *munster de Strasbourg.*

Il reste toujours debout, mes chers amis, ce monument vénéré, à l'ombre duquel les fiers bourgeois de Strasbourg, après avoir su conquérir leurs libertés, venaient installer chaque année pendant des siècles

8

le gouvernement de leur choix, comme l'a écrit mon cher et regretté Maurice Véran dans cette étude dont je vous ai parlé.

« L'histoire de la cathédrale de Strasbourg n'est pas encore terminée.

« L'heure présente est pleine d'obscurité.

« Mais, de même que quelquefois nous avons vu son fier sommet, caché sous les nuages, percer tout à coup, de sa flèche rose et lumineuse, la brume qui se dissipait, de même du présent sombre et voilé peut surgir cet avenir radieux que nous attendons tous.

« Alors luira ce jour où l'éternelle justice, sortant de son long sommeil placera de nouveau, au sommet du vieux dôme, les couleurs du droit et de la liberté! »

IX

AVÉNEMENT DE LA DÉMOCRATIE.

La révolution de 1262 n'avait guère profité qu'à la noblesse, tant il est vrai que les alliances se payent toujours. Les chevaliers qui avaient abandonné le service de Walther pour celui de la ville, s'attribuaient tout l'honneur de la victoire d'Hausbergen et ils méprisaient les bourgeois. Aussi les lois principales ne subirent-elles aucune modification. Et cependant elles étaient iniques, ces lois.

Jugez-en par ce qui suit.

Un bourgeois ne pouvait poursuivre devant le tribunal du Schulteiss ou prévôt le recouvrement d'une créance sur un noble; non-seulement celui-ci pouvait nier la dette, mais il pouvait répondre par la bastonnade à la réclamation qui lui était faite. Un homme noble ne pouvait être appelé en justice que par un autre homme noble. Alors, quand un bourgeois ou un artisan avait à plaider contre un noble, il était obligé d'implorer la protection d'un autre noble, qui se chargeait de faire la réclamation gratuitement, quand il s'agissait d'un ennemi personnel, mais qui prélevait une prime considérable lorsqu'il n'avait aucun motif de haine contre celui qu'on lui demandait de poursuivre. Or la noblesse alsacienne appelée sous l'empereur Rodolphe, soit à figurer à la cour, soit à accompagner le souverain dans ses nombreuses campagnes, avait eu à faire de grandes dépenses et avait eu l'occasion de pratiquer de nombreux emprunts aux bourgeois de Strasbourg. Tant que celui que l'histoire appela la *Loi vivante* fut sur le trône, les nobles payèrent à peu près leurs dettes, mais après sa mort on ne paya plus du tout.

De là, pour la bourgeoisie, une cause de ruine et de sourde irritation contre les oppresseurs.

Bientôt on apprit que les trois cantons d'Uri, de Schwitz et d'Unterwalden avaient secoué le joug de la maison d'Autriche, tué le gouverneur Gessler et chassé la noblesse allemande. La Suisse était la vieille amie de l'Alsace; la noblesse alsacienne était aussi presque exclusivement allemande d'origine. Les esprits commencèrent à fermenter. On était en 1308.

La noblesse strasbourgeoise était divisée en huit *curies*, qui prenaient leurs noms des quartiers où se trouvaient leurs lieux de réunion. C'étaient des sortes de cercles présidés par un *meister* ou maître.

De leur côté, les bourgeois étaient divisés en vingt tribus, et leurs lieux de réunion se nommaient des *poêles*, et, bien que les tribus ne fussent pas composées de gens de même profession, elles portaient le nom d'un corps de métier. Tout individu reçu bourgeois devait choisir sa tribu, et il arrivait parfaitement qu'un orfèvre entrait dans la tribu des drapiers :

c'était une affaire de quartier ou d'amitié. Le chef ordinaire d'une tribu se nommaient *Ammann*.

Or, le 31 juillet de cette année 1308, les bourgeois étaient réunis dans leurs *poêles* ou cercles et buvaient du vin frais. Il faisait une chaleur accablante : on buvait beaucoup, on parlait davantage. Les vieux racontaient aux jeunes, déjà montés par les récits des voyageurs sur la révolution suisse, leurs campagnes contre l'évêque Walther de Geroldseck. On parlait des généraux de la ville, de Liebenzeller, de Kuchenmeister, d'Eich, et l'on vint à prononcer le nom de Nicolas Zorn, qui vivait encore et remplissait les fonctions de Stettmeister.

Ce n'était plus le jeune et ardent citoyen de 1262 qui, la main dans celle de Liebenzeller, prononçait, sur le champ de bataille d'Hausbergen, cette belle harangue pour la liberté. Nicolas Zorn est aujourd'hui un vieillard altier, dur et dédaigneux pour les bourgeois, qui ne quitte pas la curie de la *Haute Montée*, ce cercle où se réunissent les plus arrogants des gentilshommes.

On s'échauffe, les mots de *traître* et d'*apostat* sont prononcés et l'on finit par le cri : *Aux armes!*

Bourgeois et artisans courent s'armer à la hâte, saisissent leurs bannières et marchent sur la curie de la Haute-Montée. Malheureusement leurs adversaires ont été prévenus à temps, et lorsqu'ils arrivent au pont de *Pfenningsturm* (au bas de la place Kleber), ce pont est déjà démoli.

Ils se mettent alors en marche pour passer la rivière sur un autre point, à l'endroit où est aujourd'hui le petit pont des Bouchers. Là, leurs ennemis les attendent, en selle, bardés de fer et la lance en arrêt.

Le combat s'engage, combat meurtrier, à la suite duquel les bourgeois sont vaincus. Le lendemain la persécution commence, et une foule d'entre ceux qui ont pris part à l'échauffourée sont bannis à tout jamais de la ville.

Cependant personne ne désespéra. On parlait du triomphe de la fière bourgeoisie des Pays-Bas. Quelques villes de France même avaient opéré leurs révolutions communales. Un roi de France intelligent eût emporté alors l'Alsace de haute lutte. Mais il eût fallu comprendre que le vieux sang gaulois était en travail, et malheureusement les rois de France n'étaient pas de sang gaulois.

Le temps se passa et l'on attendit.

Les deux curies les plus puissantes étaient celle de la *Haute-Montée*, dont j'ai parlé tout à l'heure et qui était située en face de l'auberge portant encore ce nom aujourd'hui, et celle de la *Meule*, qui était au coin de la rue des Veaux.

La première avait pour chefs les membres de la famille Zorn; la seconde avait pour chefs les Müllenheim. Des haines séculaires séparaient les deux familles; il y avait eu entre elles non-seulement des procès, mais des combats, et, chaque fois que leurs partisans se rencontraient, ils en venaient aux mains.

Comme Zorn et Müllenheim appartenaient à la magistrature de la ville, vous pensez bien que l'administration se ressentait de cette rivalité. Pour vous faire comprendre à quel point cette haine était nuisible aux intérêts de la ville, il suffira de citer un fait.

Les Zorn, entre autres griefs, reprochaient aux Müllenheim d'être de la curie de la *Meule*, qui était plus près du palais de l'évêque, où se tenaient les séances du Sénat, que celle de la Haute-Montée.

Pour éviter les conflits, le croirait-on? on décida qu'un *hôtel de ville* serait bâti à égale distance des deux curies.

On compta les pieds entre la curie de la Haute-Montée et celle de la Meule; il y en avait 2582, c'est-à-dire 840 mètres environ. On prit la moitié, et, à 1791 pieds de chaque curie, on trouva la place Saint-Martin, sur laquelle on construisit un hôtel de ville. Cette *Pfalz* ou palais communal était en face de la Grande-Rue et de la rue des Hallebardes. C'était un grand bâtiment carré de 26 mètres de long sur 16 de large et 28 de haut. Pour enlever aux deux familles et à leurs partisans tout prétexte à rencontre, on construisit pour chacune d'elles un escalier spécial. Celui des Zorn, situé à côté du corps de garde, était au nord et prenait entrée du côté de la Grande-Rue. Celui des Müllenheim était à l'angle opposé, du côté de la rue des Serruriers.

C'est en haut de l'escalier des Zorn que plus tard on lisait aux condamnés à mort leur sentence et qu'on leur brisait la baguette de justice sur la tête. A quelques pas, vers la rue des Hallebardes, au-dessus de deux marches de pierre, se trouvaient scellés dans le mur les chaînes et les carcans servant à l'exposition des condamnés.

Voici quelle était la situation de Strasbourg quand l'occasion se présenta de compléter la première révolution.

Le mercredi de la quatrième semaine après Pâques était, de temps immémorial, un jour de réjouissances pour Strasbourg. On était en 1332.

La ville était en fête; les poêles des métiers étaient pleins, et le vin blanc coulait à flots.

Les nobles avaient fait leur dîner dans une maison de la rue Brûlée, et, à la suite de ce dîner, il y avait eu un bal. Tout le monde était plein d'entrain, quand tout à coup, dans un des coins de la salle de danse, s'éleva une dispute.

On accourut; c'était un Zorn et un Müllenheim qui s'injuriaient. Chacun prit parti pour ou contre, et le tumulte devint général. Entre hommes d'armes, des injures aux coups il n'y a, dit le proverbe, que l'épaisseur d'une lame. On se précipita dans le jardin de la maison; les épées furent tirées, et une véritable bataille s'engagea.

Les Müllenheim virent tomber deux de leurs partisans : un seigneur de Wassenheim et un de Voltsch.

Les Zorn comptèrent sept morts : un Hetzel, un Marx d'Hunefield, un d'Epffich, un Hüffel, un Susse, un d'Hobenloch, et enfin le varlet de Schulteiss.

De tous côtés, le bruit de la lutte se répandait dans la ville. D'une part, les nobles qui n'avaient pas assisté à la fête s'armaient en hâte, courant vers la rue Brûlée, pour soutenir ceux de leur parti; de l'autre part, Zorn et Müllenheim envoyaient des courriers aux environs pour appeler ceux de leurs partisans qui étaient restés dans leurs châteaux.

Le Landoogt Ulrich de Wirtemberg, assisté de Goetz de Grosstein, se multipliait en vain, afin d'amener un éclair de raison dans les cervelles.

Les femmes bourgeoises de la ville, toujours aux écoutes, malgré la nuit qui était venue, couraient aux poêles des métiers pour prévenir leurs maris que le lendemain serait probablement plus sanglant : car les seigneurs du voisinage allaient accourir, avec leurs vassaux, pour prendre parti dans la bataille.

Qu'allait-il arriver? C'était une terreur dans toute la ville.

Un bourgeois de la tribu des boulangers, nommé Burckard Twinger, rassembla tous les membres du poêle, et les harangua :

« Vous êtes là tous à écouter les nouvelles et à bavarder comme des femmes, tandis que le plus grand danger que nous ayons jamais couru est suspendu sur nos têtes. Vous riez, et vous pensez que vous allez rester paisibles spectateurs de la lutte entre vos ennemis. Vous ressembleriez, même si cela était vrai, aux moutons qui regardaient avec plaisir des loups s'entre-dévorer dans la bergerie. Ne savez-vous donc pas que celui qui demain sortirait vainqueur de la lutte serait plus arrogant et plus tyran que jamais. Mais il ne s'agit pas de cela. N'êtes-vous pas des vassaux? Vous figurez-vous que le parti qui s'emparera d'un quartier ne forcera pas les bourgeois à venir grossir ses rangs? Vous riez ensemble aujourd'hui, et demain, à votre tour, vous vous entr'égorgerez pour la gloire et l'intérêt de vos oppresseurs.

« Serez-vous assez lâches pour prodiguer le sang alsacien dans les querelles de gens qui ne sont même pas de votre race? Tous ces nobles ne viennent-ils pas du pays de Bade, de la Souabe, de l'Allemagne, et ont-ils une goutte de notre sang dans les veines?

« Que nous ont-ils laissé de la victoire d'Hausbergen? Rien. Si vous êtes des hommes, vous profiterez de l'occasion. Sous le prétexte de garder les portes de la ville, afin d'en fermer l'entrée aux nouveaux combattants, vous empêcherez la sortie de ceux qui sont dans nos murs, et vous vous emparerez du pouvoir.

« Jamais l'occasion ne fut plus favorable! »

Ce discours circula de bouche en bouche, et, de toutes parts, des envoyés des dix-neuf autres tribus arrivèrent au poêle des boulangers, suppliant Burckard Twinger d'agir au nom de tous.

A la tête d'une députation choisie parmi les plus considérables de la ville, il se rendit auprès du Stettmeister, qui, à cette époque, était un jeune homme du nom de Jean Sicke.

Les magistrats étaient réunis, ne sachant où donner de la tête. Prendre fait et cause pour l'un des deux partis en présence, c'eût été compliquer la querelle, se créer de puissantes inimitiés et planter la semence d'une longue guerre civile. Agir contre les deux partis à la fois, les chefs de la municipalité, gentilshommes eux-mêmes, ne pouvaient le faire d'un commun accord, chacun, au fond du cœur, se sentant entraîné par ses amitiés ou ses sympathies, soit vers les Zorn, soit vers les Müllenheim. L'arrivée des députés du peuple les trouva dans ces dispositions d'esprit.

Burckard Twinger prit la parole, et, après avoir exprimé, au nom des bourgeois et des artisans, les craintes communes, après avoir constaté l'impuissance dans laquelle se trouvait le gouvernement de la ville d'agir avec efficacité contre les fauteurs du désordre, il demanda au Stettmeister d'autoriser le peuple à prendre les armes, à s'emparer de la garde des portes de la ville, et à empêcher l'arrivée des secours que les deux partis attendaient.

Jean Sicke, heureux de se débarrasser d'une responsabilité qu'il ne se sentait pas la force de porter, y consentit avec empressement, et livra les clefs. Alors les députés, sous le prétexte de donner un caractère de légalité à l'action populaire, demandèrent qu'on leur donnât également le sceau et la bannière municipale.

Sicke consentit à toutes ces demandes.

Ce fut avec des cris de joie que le peuple accueillit le retour de ses envoyés. Toutes les corporations s'armèrent et se rendirent en ordre aux portes de Strasbourg. En même temps, sans distinction de caste, quatre nouveaux stettmeisters s'installèrent à l'hôtel de ville.

C'étaient Bulmann Schwaber, Rodolphe Juden Bretter, Jean de Schoneck, et Jean Knobloch le vieux.

Quant à Burckard Twinger, on lui conféra la dignité d'Ammeister, c'est-à-dire de chef des corporations des métiers.

Le nouveau sénat, composé de tous ceux qui avaient fait partie de la députation, ordonna que, vu le danger public, ses membres ne siégeraient pas avec le manteau de pourpre, mais bien le casque en tête et l'épée au côté.

Cette révolution s'accomplit avant que les partisans des Zorn et des Mullenheim, tout entiers à leur querelle, eussent eu le temps de s'en apercevoir; aussi restèrent-ils atterrés, lorsqu'ils apprirent qu'un troisième adversaire était entré en scène. Il était, hélas! trop tard pour eux.

Le premier acte du nouveau gouvernement fut de consigner tout d'abord les deux parties dans des quartiers différents. Des troupes, en nombre respectable, gardaient les issues, et l'on intima aux nobles l'ordre de remettre leurs armes entre les mains du commandant de quartier.

Quand ils furent désarmés, le sénat improvisé commença une enquête judiciaire sur les faits qui avaient amené la rixe de la rue Brûlée.

Tous ceux qui avaient pris part au combat furent condamnés à l'exil, et, le jour de la Sainte-Claire, ils furent conduits, désarmés, entre deux haies de soldats, jusqu'aux portes, et expulsés solennellement.

Quant au jeune Stettmeister, Jean Sicke, il résulta de l'enquête que, sans prendre l'avis du sénat, de son autorité privée, il s'était rendu seul dans la rue Brûlée, pour tâcher d'apaiser le tumulte, et qu'il avait vu son caractère de magistrat méconnu et bafoué.

Avec un tact politique extraordinaire, ces bourgeois virent un crime dans cette démarche. Ils trouvèrent, avec raison, que le Stettmeister avait ainsi compromis le prestige de l'autorité et la dignité du premier magistrat de la ville, en se mettant, par une légèreté impardonnable, dans le cas de ne pouvoir appuyer par la force son intervention méconnue par les rebelles.

Jean Sicke fut condamné à un exil perpétuel et sa maison fut rasée, afin, dit l'arrêt, « de laisser, par ces ruines, un monument du manque de prudence et d'énergie de ce magistrat, en même temps que de l'autorité et de la justice du Sénat. »

Il fut décidé, en outre, que les curies (*herrenstube*) de tous ceux qui avaient pris part à la lutte seraient détruites. C'est ainsi qu'on démolit celles de la Haute-Montée et de la Meule.

Pendant ce temps, afin de prévenir la ville contre toute tentative à main armée, non-seulement les postes des portes faisaient bonne garde, mais encore les troupes municipales faisaient perpétuellement des rondes en dehors des remparts.

Ainsi s'accomplit la révolution de 1342, qui détruisit à Strasbourg le régime aristocratique et qui inaugura l'ère démocratique.

Certes, la féodalité ne fut pas détruite pour cela ; mais elle se courba devant la décision souveraine du peuple.

Si, au lieu d'être une ville isolée, Strasbourg avait été la capitale d'un Etat, ces événements auraient eu une influence considérable sur les destinées de l'Europe, et l'on peut, sans être accusé de témérité, affirmer que l'avenir vers lequel marchent tous les peuples eût été avancé de quelques siècles.

Cependant on peut dire que, dès lors, pour employer les termes mêmes de Schœpflin, l'historien de l'Alsace, *Strasbourg, de la période de la jeunesse, entra dans celle de la virilité*, et qu'il fallut peu de changements pour arriver, de la constitution, en quelque sorte improvisée à la suite de ce coup de main de 1342, à l'organisation que conserva la ville jusqu'en 1790.

Les bourgeois se divisaient en nobles, ou *constofflers*, et en bourgeois, ou *gens de métier*.

On décida que les nobles ne fourniraient qu'un tiers du Sénat : il y eut donc dix sénateurs nobles et vingt plébéiens : un par tribu.

Le Sénat tout entier nommait quatre *Stettmeisters*, ou maîtres de la ville, qui pouvaient être pris indifféremment dans la noblesse ou dans la bourgeoisie, et qui alternaient par trimestre ; les actes publics étaient expédiés au nom du Stettmeister régent.

L'*Ammeister*, ou chef des métiers, avait la première dignité après lui.

Les augmentations de population nécessitèrent la

création de deux assemblées, qu'on appela la chambre des XIII et la chambre des XV. La première, comprenant quatre nobles, quatre bourgeois et quatre gens de métiers, était présidée par l'Ammeister et s'occupait des affaires secrètes de la république et de l'administration militaire.

La chambre des XV, composée de cinq nobles et dix plébéiens, avait la garde des lois et des constitutions.

Enfin une troisième chambre, celle des XXII, ou petit Sénat, comprenant six conseillers nobles et seize conseillers bourgeois, avait sous sa direction les tribunaux inférieurs.

Chaque tribu nommait quinze échevins; ils étaient présidés par l'un d'entre eux. La réunion des échevins des vingt tribus formait le conseil des Trois Cents. C'était lui qui tranchait les questions sur lesquelles le Sénat se trouvait divisé.

Chaque année, c'était une journée sérieuse, pour Strasbourg, que le premier jeudi après le nouvel an, jour fixé pour les élections générales.

Avec la gravité et la ponctualité solennelle des peuples qui se savent les propres artisans de leur liberté, qui aiment leurs constitutions, parce qu'ils les ont faites eux-mêmes, et qu'ils sentent que leur âme y palpite, les Strasbourgeois, en habits de fête, se rendaient, dès le matin, les nobles à leurs curies, et les plébéiens à leurs poêles respectifs.

Pas d'abstention chez eux! L'homme qui ne votait pas ne pouvait être qu'un indigne, privé juridiquement de ses droits, ou un étranger qui n'avait pas l'honneur d'être citoyen de la république.

Là, chaque corporation élisait d'abord un sénateur, puis ses échevins et son chef ou *Oberherr*. Aussitôt proclamé, le sénateur, entouré de deux échevins et de l'Oberherr, se rendait à la réunion où se trouvaient déjà les anciens sénateurs, et là, sous la présidence du Stettmeister du quatrième trimestre, les nouveaux élus prêtaient le serment à la constitution, après en avoir entendu la lecture.

Puis on nommait l'Ammeister, qui devait réunir des conditions d'indépendance extraordinaires : il ne devait pas exercer de métier donnant lieu à une pression de la part d'individus ou de corporations quelconques, qu'il eût intérêt à favoriser ; il ne devait pas davantage posséder des propriétés relevant des terres d'un seigneur, et, par conséquent, le plaçant dans une sorte de vasselage.

Le mardi suivant était le jour de la grande solennité nationale.

Dès le matin, à sept heures, chaque citoyen, noble ou plébéien, se rendait de nouveau à sa curie ou à son poêle, en habit de gala, mais portant toujours le manteau noir.

Là, le secrétaire de la curie ou du poêle faisait, à haute voix, la lecture de la constitution, pendant que tous, dans un religieux silence, écoutaient, la tête découverte.

A cette lecture succédait celle des règlements de la corporation.

A huit heures et demie, la grosse cloche du Sénat ébranlait les airs.

C'était le signal : la bannière de la tribu était déployée et portée par le chef sortant : en tête, marchait le sénateur, accompagné du chef en fonctions; à la suite, venaient les quinze échevins, et enfin tous les membres suivant deux par deux. Tout le peuple se dirigeait, dans cet ordre, vers la place de la cathédrale.

Là, toute la noblesse, les employés de la ville, secrétaires, avocats, procureurs, attendaient au pied d'une immense strade, dressée devant la façade principale de la cathédrale, en face de la rue Mercière.

Cette estrade était abritée d'un grand baldaquin ou *velum*.

Comme fond de décoration, bien en vue, était étendue une tapisserie blanche et rouge, couleurs de la ville, sur laquelle se déroulait la constitution, écrite sur un immense parchemin, auquel était attaché le grand sceau, celui de la noblesse et celui de chacune des vingt corporations.

Les sénateurs, chefs des tribus, échevins, montaient sur l'estrade et prenaient les places qui leur étaient assignées.

Aussitôt qu'une des tribus de la ville débouchait sur la place, elle était saluée par une fanfare.

Quand tout le monde était arrivé, on faisait un signal, et l'horloge de la cathédrale sonnait NEUF HEURES : c'était le moment fixé. Il était parfois dix heures ou dix heures et demie, mais l'heure constitutionnelle était neuf heures. On restait de cette manière dans le règlement.

Alors, les bedeaux du Sénat s'avançaient au bord

de l'estrade, et, au milieu du silence, criaient à trois reprises différentes :

MESSIEURS, APPROCHEZ ET ÉCOUTEZ AU NOM DE DIEU !

Aussitôt, les bannières s'élevaient en l'air, et le secrétaire de la chambre des XV donnait lecture de la constitution.

Dès que la lecture était terminée, les Stettmeisters nouvellement élus prêtaient le serment de fidélité au nouvel Ammeister, qui, à son tour, le prêtait entre leurs mains. Puis tous, magistrats, sénateurs, échevins, membres de la noblesse et employés de l'État, venaient prêter serment. Les bedeaux du Sénat, avec leur costume mi-partie blanc et rouge, s'avançaient de nouveau et criaient :

— Que ceux des citoyens de Strasbourg, nobles, bourgeois ou plébéiens, qui ont eu dix-huit ans avant la nouvelle année, s'avancent avec la bannière de leur tribu, pour prêter à leur tour le serment.

Et tous les jeunes gens qui se trouvaient dans ce cas montaient sur l'estrade et accomplissaient, à leur tour, cette forma-lité, sorte de baptême civique.

Quand tous ces serments particuliers étaient reçus, le Stettmeister régent du premier trimestre s'avançait à son tour et disait au peuple :

« Je vous souhaite à tous une heureuse année, mes bons amis et chers concitoyens. Je vous invite à lever la main vers le ciel et à prêter aussi votre serment de la manière suivante : *Ce qu'ordonne la charte qui m'a été lue et que j'ai bien comprise, je jure de l'accomplir et de le tenir respectueu-*

samen!, sans jamais l'enfreindre : que Dieu me soit en aide ! »

C'était la fin, le Stettmeister s'écriait alors : « *Que Dieu veuille nous donner à tous : bonheur, aisance, bénédiction et longue vie ! Amen.* »

La fanfare éclatait de nouveau, et, bannière en tête, chaque tribu à son tour quittait la place de la cathédrale pour retourner à son poêle, à travers les rues, dont les maisons étaient pavoisées.

Les femmes, en vêtements de fête, suivaient le cortége, accompagnées de la famille.

Les jeunes gens qui n'avaient pas encore atteint l'âge du serment regardaient d'un œil d'envie ceux qui venaient d'être sacrés citoyens de la ville, et qui, la tête haute, le regard plein d'une fierté mâle, marchaient à côté de leurs pères, sous la bannière de la corporation.

Cette grande solennité civique avait le triple avantage de garantir le respect de la loi par tous, quelle que fût la classe à laquelle ils appartinssent, de faire aimer le gouvernement par le peuple tout entier, qui, de cette manière, le sentait bien l'enfant de ses entrailles, et enfin de donner au pays des mœurs politiques.

X

COMMENT L'ALSACE REDEVINT FRANÇAISE.

Vous avez vu, mes chers amis, de quelle manière Strasbourg était devenue libre. Les autres villes importantes d'Alsace avaient suivi son exemple et avaient contracté alliance entre elles. Cette confédération de petites républiques se nommait la *décapole alsatique*, parce qu'elles étaient au nombre de dix.

Quant au prétendu droit historique des Allemands, vous allez voir par un fait que Strasbourg faisait partie de l'empire aussi peu que possible.

Dans le courant de l'année 1452 des marchands de Genève, sujets du duc de Savoie, en revenant de Strasbourg, furent attaqués par le comte de Lupffen, un gentilhomme de grand chemin comme il y en avait tant.

Le duc réclama l'intervention de l'empereur, qui donna l'ordre à l'évêque de saisir Lupffen et de l'enfermer dans son château de Dachstein, jusqu'à ce qu'il eût indemnisé les sujets du duc.

L'évêque obéit, mais bientôt après relâcha le noble bandit avant que celui-ci ne se fût acquitté.

Furieux du procédé, le duc de Savoie s'empara de quelques bourgeois de Strasbourg qui revenaient de la foire de Genève et les retint en otage.

La ville envoya auprès du duc réclamer ses bourgeois, en se plaignant de cette violation du droit des gens.

Le duc répondit qu'en relâchant Luppfen, l'évêque de Strasbourg s'était mis hors la loi commune, et qu'en conséquence ses vassaux devaient s'attendre à des représailles.

Au mot de *vassaux*, l'ambassadeur protesta et déclara que la ville libre de Strasbourg ne relevait que d'elle-même et des magistrats qu'elle se donnait.

Le duc répondit que si la chose lui était prouvée, il remettrait les prisonniers en liberté.

Alors, le 17 août 1452, le prévôt Jean d'Ochisenstein, le doyen du chapitre des chanoines de la cathédrale, Jean comte d'Helfenstein, tout le chapitre, les comtes de Deux-Ponts et de Betche, les sires de Lichtenberg, firent la déclaration suivante signée de leurs noms et revêtue de leurs sceaux :

« Nous certifions que Strasbourg est depuis un temps immémorial une ville libre et qu'elle est dans l'usage de servir l'empereur, au delà des monts seulement, pour son couronnement et rien de plus. Nous attestons en outre qu'elle n'est pas soumise à l'évêque de Strasbourg et qu'elle n'est nullement engagée ni à l'évêque ni à son Eglise; que l'évêque n'exerce sur elle aucun empire; que c'est à la ville seule de choisir ses magistrats et ses grands et petits officiers; de régler à son gré la forme du gouvernement, de faire des commandements et des défenses, qui se publient sans la permission de l'évêque et sans qu'il soit en droit de s'y opposer ou de les contredire. Nous affirmons ensuite que ce n'est pas à la ville à donner des saufs-conduits hors de ses murailles, et que le comte de Luppfen n'a pas été détenu prisonnier dans la ville, mais bien dans le château de Dachshein dont l'évêque est le seul maître. »

Tout est à lire et à retenir dans cette déclaration, qui n'est pas faite par les citoyens libres de la ville de Strasbourg, mais par les principaux chefs du chapitre et par de hautes maisons comme les Deux-Ponts et les Lichtenberg, qui appartenaient à la grande noblesse de l'empire et se considéraient comme des grands vassaux de l'évêque.

Et la puissance de la ville était telle qu'elle eût pu châtier l'évêque et user de représailles en arrêtant quelques chanoines ou quelques gentilshommes.

Aussi sont-ce les gens de l'évêque qui vont porter cette déclaration au duc de Savoie; la république de Strasbourg dédaigne de le faire.

C'est en vivant ainsi de leur vie propre que les villes de la Décapole arrivent à la guerre de Trente ans, et conservent tant qu'elles le peuvent la neutralité. Vous connaissez assez votre histoire pour que je n'aie à vous parler que de ce qui touche aux événements qui ont amené le retour de l'Alsace à la France.

Nous voici arrivés au plus fort de la lutte de la France et de l'Europe protestante contre l'empire, de cette guerre qui grondait déjà à cette époque depuis douze ans, à travers toute l'Allemagne, produisant de part et d'autre des génies militaires qui apparaissaient comme des météores et disparaissaient aussitôt.

Pendant ce temps, toutes les communes et villes libres de la Décapole, de l'Alsace protestante, qui avaient résisté à la réaction catholique, étaient écrasées de contributions de guerre, de réquisitions de toutes sortes. Strasbourg, en particulier, touchait à la ruine et avait été obligée de laisser altérer ses monnaies, qui avaient eu jusqu'alors une grande réputation d'honnêteté sur toutes les places de l'Europe.

Toutes ces misères étaient navrantes, sans doute; mais l'Alsace les eût peut-être supportées, si l'empire ne se fût avisé de toucher à ses libertés.

Wasselonne était un fief de la ville libre de Strasbourg. Le commissaire impérial exigea du prévôt de la république la remise de ses insignes, et fit planer sur les édifices les armes de son maître.

Cet outrage enflamma de colère le Sénat; il arma tous ses citoyens, renforça la garnison de Wasselonne, en fit arracher les armes de l'empire et entra dans l'Union protestante.

La France n'avait pas perdu de vue cette évolution, et son ambassadeur à Strasbourg, M. de l'Isle, s'était empressé de donner à la municipalité les assurances de dévouement les plus formelles de la part de son gouvernement. Il avait fait plus : il avait négocié au nom de la ville un emprunt au

Trésor français, offrant de le renouveler, si besoin était. En même temps, un ancien élève de l'Université de Strasbourg, un Suédois, M. de Belinghen, arrivait, portant au Sénat l'expression de l'amitié de son souverain, de ce Gustave-Adolphe, un des hommes les plus réellement grands qu'ait produits le monde, un roi honnête homme, qui allait apparaître sur la scène.

Les vaisseaux étaient décidément brûlés contre l'empire, et ce n'était pas sans réflexion que le magistrat de Strasbourg s'était décidé à sortir d'une neutralité que la position géographique de la république rendait illusoire. D'un côté, le Rhin était la base naturelle des opérations françaises contre les armées de la maison d'Autriche; la marche victorieuse des Suédois, d'autre part, devait refouler vers le fleuve ces armées. Il était certain que l'Alsace serait le champ de bataille. Or, dans ce cas, la position des neutres est pire que celle des belligérants; car, traités en ennemis par les deux partis, ils finissent toujours par subir les conditions du vainqueur, de quelque côté que se déclare la fortune.

Bien souvent ces réflexions s'étaient présentées aux yeux du Sénat pendant ces guerres, où, tour à tour, Français et impériaux avaient le dessus ou le dessous. Mais, jusqu'alors, une raison capitale avait empêché l'Alsace de retourner à l'ancienne famille française : la crainte d'une absorption complète dans cette famille, qui eût entraîné, avec elle, la perte des libertés municipales et de l'égalité politique, si chères aux citoyens de la Décapole.

Les circonstances du moment éloignaient l'idée de ce danger; car, en cas de triomphe de l'Union protestante, l'Alsace, dans son annexion à la France, pouvait stipuler le maintien de ses constitutions, et, au besoin, faire appuyer ses prétentions par la Suède, sa seconde alliée.

Dès lors, la réunion à la France était préparée dans les esprits.

En effet, la France commençait à entrer dans une véritable politique nationale.

Richelieu avait compris à ce sujet la grande idée de Louis XI, Henri II et Henri IV; non-seulement il préparait l'unité gouvernementale, mais il voulait aussi l'unité territoriale de la France, et savait bien que, sans la frontière du Rhin, le pays était à la merci de l'empire germanique. Il avait, pour l'aider dans cette tâche, un autre lui-même, presque un maître en diplomatie, un capucin, le P. Joseph, esprit profond, génie politique d'une largeur de vues extraordinaire, qu'il tenait comme ambassadeur auprès de Ferdinand. Richelieu disait en parlant de lui : « Je ne connais pas, dans toute l'Europe, un diplomate capable de faire la barbe à ce capucin. » C'est ce P. Joseph qui sut mettre les grands électeurs dans les intérêts français, en obtenant d'eux l'unanimité pour l'investiture du duché de Mantoue au profit d'un prince français, Charles de Nevers. C'est lui également qui fut l'auteur de la disgrâce de Wallenstin, le plus grand homme de guerre de l'empire, et que Ferdinand, sur ses conseils, sacrifia aux électeurs protestants, dans l'espoir

d'obtenir leurs voix pour l'élection du roi des Romains, ce qui lui fit dire plus tard :

« Un perfide capucin m'a désarmé : il n'a pas mis moins de six couronnes électorales dans son sale capuchon. »

Mais pendant que le P. Joseph faisait tomber l'empereur dans ses piéges, la marche foudroyante du roi de Suède et de ses lieutenants vers les places du Rhin, qui ouvrait aux Suédois toute l'Alsace, donnait quelque souci à Richelieu. Afin d'arrêter les conséquences qui pouvaient en résulter pour sa politique d'annexion, il dépêcha le marquis de Brézé à Gustave, afin de l'engager à rendre ces places et à reconnaître la neutralité de la Bavière, qui avait fait alliance avec la France. Luthérien convaincu, qui croyait, en son âme et conscience, que c'était pour la liberté de la pensée humaine qu'il tirait l'épée et non dans un vain but de conquêtes, le roi de Suède répondit qu'il faisait peu de fond sur la loyauté catholique, et, comme si le hasard eût voulu s'en mêler, on découvrit, quelques jours après, une correspondance du duc au comte de Capenheim, dans laquelle il l'engageait à lever des troupes pour le compte de l'empire, et lui annonçait un fort subside en argent.

Il n'y avait plus moyen d'espérer quelque chose de ce côté, et Brézé fut forcé de se découvrir, en demandant qu'au moins les Suédois laissassent occuper l'Alsace par les troupes françaises. Le roi de Suède fronça le sourcil, déclarant qu'il ne permettrait pas de conquête, et il ajouta que la France ferait bien mieux d'opérer dans les Flandres, contre les Espagnols. D'ailleurs, il craignait que le contact des deux armées, si peu en harmonie de caractère et de croyance, ne fût plutôt une entrave qu'un élément de succès pour l'entreprise commune; enfin il se faisait fort de venir seul à bout de l'Allemagne.

Pendant ce temps, la situation de l'électeur de Trèves, le protégé de la France, vint offrir un prétexte à Richelieu de donner l'ordre à l'armée du maréchal d'Effiat, qui attendait le signal en Lorraine d'entrer en Alsace.

A partir de ce moment, ce fut, entre la France et la Suède, un assaut de cajoleries envers la république de Strasbourg. De l'Isle, l'ambassadeur de Louis XIII, était protestant : grande habileté de la part du cardinal. Les troupes françaises, bien disciplinées, ménageaient le pays, et les rares excès commis par elles ne pouvaient être attribués à des ordres donnés. Il n'en était pas de même des troupes suédoises et des contingents de l'Union protestante. Les Suédois étaient très-disciplinés c'est vrai, cependant ils avaient imprimé à la guerre un caractère d'implacabilité qui entrait évidemment dans leur tactique, mais qu'imitaient les contingents de l'Union, en y joignant l'instinct destructeur et pillard des troupes germaniques.

Benfeld, Epfig, Berckheim, Molsheim, défendues par les impériaux, portent encore aujourd'hui les traces de cette terrible guerre.

Les trois quarts des seigneurs alsaciens, qui avaient pris parti pour l'empire, eurent leurs châteaux pillés et détruits. Des villes furent incendiées, certains villages même ont disparu.

Lorsque vous vous heurtez aujourd'hui à quelque ruine, en Alsace, et que vous questionnez le premier venu, presque toujours il vous répond, avec un accent nuancé de terreur :

— Cela date du temps des Suédois !

Cependant, ce fut l'influence suédoise qui l'emporta à cette époque auprès du Sénat de Strasbourg. La ville s'engagea à lui fournir des troupes, des vivres et des munitions, et à ne faire alliance avec aucune autre puissance... HORMIS LA FRANCE : c'est ce que stipula expressément le magistrat.

On connaît la fin de cette période. Ferdinand, à deux doigts de sa perte, voyant ses généraux Ossa et Montecuculli perpétuellement battus, rappelle le vieux Wallenstein disgracié, qui, pour se venger, exige un pouvoir omnipotent, allant même jusqu'au droit de paix, et des honneurs qu'il fixe lui-même, conditions que l'empereur accepte, sauf à le faire assassiner, lorsqu'il n'aura plus besoin de lui. On sait sa rencontre avec Gustave-Adolphe dans les plaines de Lutzen, l'acharnement de la lutte, la mort du héros suédois, tué d'un coup de pistolet pendant la bataille par un cavalier mystérieux (1), et la défaite de Wallenstein, malgré cette mort ; mais aussi l'espoir qui renaît chez les catholiques, débarrassés de leur plus terrible ennemi.

---

(1) Selon Moreri et Puffendorf, ce cavalier mystérieux devait être François-Albert, duc de Lauenbourg, un de ses généraux, gagné par les Impériaux.

L'Alsace continue de subir le choc des altératives de victoires et de défaites des belligérants.

La victoire des impériaux à Nordlingen, où les Suédois ne purent résister aux troupes réunies de Gallas, de Piccolomini, du roi de Hongrie, de l'infant d'Espagne, des ducs de Bavière et de Lorraine, décida Richelieu à imprimer à sa politique une allure active.

Lavalette passa le Rhin à la tête d'une forte armée, à laquelle se joignit Bernard, duc de Saxe-Weimar. Pour rassurer les princes protestants d'Allemagne, la France délégua spécialement Bernard au gouvernement de l'Alsace, dont les places, occupées par les Suédois, lui avaient été cédées. Il prenait le titre de landgraf, avec tous les pouvoirs de la maison d'Autriche.

Dès lors, travaillé de l'idée de se tailler un Etat dans l'Alsace, le jeune duc de Weimar stupéfia ses alliés par ses capacités militaires. Avec 18,000 hommes, qu'il était, aux termes des conventions, obligé d'entretenir, moyennant quatre millions de livres par an que lui donnait la France, il opère des prodiges. Turenne et Guébriant, qui combattent avec lui, sont dans l'admiration. Un jour, Richelieu enthousiasmé apprend la nouvelle de la prise de Brisach. Son vieil ami, le P. Joseph, râle déjà. Il accourt près de son lit et lui crie dans l'oreille :

— Courage, Père Joseph, Brisach est à nous !

Le vieux capucin ne peut déjà plus faire un mouvement, mais il ouvre encore un œil plein de joie, qui se referme bientôt pour toujours.

Richelieu s'était beaucoup avancé; car, malgré la coopération des Français à la prise de Brisach, Bernard refusa tout, plutôt que de la céder à la France.

Dès lors, Richelieu lui coupa le subside annuel, quand il mourut subitement à Neubourg, âgé de trente-six ans.

Après sa mort, les dissentiments qui s'élèvent entre les généraux français et leurs alliés donnent de la force aux Impériaux. Le maréchal de Rantzau et Turenne sont battus par Merci, quand Condé, tout rayonnant de Rocroy, arrive avec son armée, et alors c'est de nouveau, comme sous Gustave-Adolphe, une marche foudroyante tout le long du Rhin... Rien ne résiste aux armes françaises.

Pendant tout ce temps, l'Alsace est ruinée; les troupes impériales y ont commis toutes les atrocités imaginables. L'armée du duc de Lorraine s'est particulièrement distinguée par sa férocité. Composée d'un ramassis de bandits de tous pays, elle a produit, dans des régions entières, l'effet d'une pluie de sauterelles sur un champ de blé; les autres troupes de la maison d'Autriche ne l'ont pas épargnée non plus. On pouvait faire dans ce pays, si peuplé naguère, cinq et six lieues sans trouver, non pas un village, mais une maison ou une ferme. De temps en temps on foulait, sur le revers d'une route ou au coin d'un bois, les cadavres de toute une famille morte de faim. L'amoncellement des cadavres amena la peste.

Enfin, l'Europe sentit le besoin de la paix, et les négociations s'ouvrirent à Osnabruck en 1645. L'Empire, qui, à Ratisbonne, avait exigé l'exclusion de l'Alsace des délibérations de la diète, fut obligé de recevoir le docteur Marc Otton, son ambassadeur, qui, malgré sa situation modeste, parvint à se faire accepter parmi les signataires du traité.

Ce traité, qui s'appela le traité de *Westphalie*, on le sait, cédait à la France l'Alsace, à l'exception de Strasbourg, et laissait ainsi aux Français et aux Allemands une porte ouverte pour recommencer la guerre.

La déclaration de guerre à la Hollande offrit à l'Empire l'occasion de recommencer sa lutte. Il y avait vingt-cinq ans que l'Alsace respirait.

A ce moment, Strasbourg avait pour Ammeister Dominique Dictrich, dont l'ancêtre, originaire de Lorraine, était venu s'établir à Strasbourg, chassé de Saint-Nicolas, pour cause de religion.

Toutes les inquiétudes et les dangers passés allaient reparaître, mais plus redoutables que jamais. Certes, pour les esprits politiques comme celui de Dietrich et de quelques autres, l'annexion à la France s'imposait, à la condition que la constitution de 1462 fût respectée; mais il fallait compter avec le bas peuple, qui avait une répugnance invincible contre le catholicisme, si intolérant alors en France.

Les Allemands ont prétendu voir là une affection pour l'Allemagne : c'est faux. Le peuple strasbourgeois, à cette époque déjà, détestait le *Schwob*, et, dans ce terme de dédain, il embrassait tous les Allemands. L'affinité de langage était de peu d'importance pour le peuple de Strasbourg ; il sentait bien que la mère patrie n'était pas de l'autre côté du Rhin ; mais, au-dessus de ses intérêts les plus chers, il plaçait la conservation de ses franchises communales et de sa liberté de conscience. S'il tomba dans une erreur, c'est lors qu'il crut pouvoir sauver son autonomie politique par la neutralité, au milieu de cette guerre formidable.

Les magistrats espérèrent conserver fidèlement ce principe.

Mais les chargés d'affaires que le gouvernement français entretenait auprès de la République n'avaient plus les allures caressantes d'autrefois ; ils étaient froids et ne laissaient passer aucune dérogation à la neutralité proclamée par le Sénat. Dietrich avait fort à faire.

Un beau jour Turenne arrivait et établissait son camp à la Robertsau.

Le maréchal envoya un corps pour s'emparer de la tête du pont; mais la garde bourgeoise, enfermée dans la redoute dudit pont, se défendit avec une telle vigueur que les assaillants durent se replier.

En même temps, Strasbourg obtenait de Turenne l'assurance qu'il respecterait sa neutralité.

A Turenne, tué le 27 juillet 1675, à Salzbach, succédait Condé, vis-à-vis duquel il fallait renouveler les démarches. On connaissait à la cour de Versailles la valeur de l'Ammeister Dietrich, et le marquis de Louvois lui avait détaché le marquis de Laloubère, qui essayait de le faire entrer dans les intérêts du roi par tous les moyens possibles. Mais menaces ou prières ne faisaient rien sur le patriote alsacien.

Malgré les protestations de l'envoyé de Louvois, qui ne réclamait que la possession du pont, l'Ammeister comprenait que c'était pour la ville l'amputation du bras droit. Aussi, lorsque la retraite précipitée de M. de Laloubère lui fit pressentir une tentative de vive force, il voulut se porter de sa personne sur la redoute de Kell, afin de soutenir, par sa présence, le courage de ses défenseurs.

Montclar, l'un des lieutenants de Créqui, enleva la position de Kehl, malgré l'énergie de la résistance, et le pont fut brûlé. Pendant ce temps, les généraux français étaient venus eux-mêmes à Strasbourg, pour profiter des rigueurs de la France et entraîner les magistrats dans leur parti.

Quand l'armée impériale eut fait opérer aux Français une passagère retraite, les agents de l'empereur firent grand tapage d'un boulet français qui s'était égaré sur la cathédrale.

Strasbourg sait depuis à quoi s'en tenir sur le respect des boulets allemands pour les monuments sacrés.

Lorsque arriva la paix de Nimègue, Strasbourg se crut sauvé; mais un nouveau résident, Frischmann, avait établi une chapelle dans la maison qu'il habitait et mis l'évêque de Strasbourg et le grand chapitre dans le parti du roi de France; de plus, sous le prétexte d'appuyer l'exécution des traités, et surtout leur interprétation par les Chambres de réunion de Metz, Besançon et Brisach, Louvois rassemblait d'immenses troupes en Alsace. Un beau matin, la redoute du pont fut enlevée, et Strasbourg bloqué sans s'en douter.

Dès lors, règne dans la ville un air de mystère; on

sent passer comme un vent étrange qui présage de graves événements, et Dietrich paraît triste. Gauzer, le secrétaire du Sénat, a fait, quelques jours auparavant, un voyage dont le motif est resté caché. Obrecht, dont le père a été, quelques années auparavant, condamné à mort et exécuté pour crime de calomnie contre l'Ammeester Dietrich, a abjuré le protestantisme, dans la chapelle de Frischmann : un de ces mystérieux pressentiments, précurseurs de grands changements politiques, pèse sur toutes les têtes.

A Versailles, on est inquiet.

Louvois fait appeler M. de Chamilly :

— Partez ce soir pour Bâle, en Suisse, vous y serez dans trois jours ; le quatrième, à deux heures précises après-midi, vous vous établirez sur le pont du Rhin, avec tout ce qu'il faut pour écrire, et, pendant deux heures, vous examinerez et noterez tout ce qui se passera sous vos yeux, quelque insignifiant que puisse vous paraître le moindre événement. A quatre heures précises, vous monterez dans votre voiture attelée en poste, et brûlerez la route pour m'apporter vos notes. A quelque heure que vous arriverez, vous serez reçu.

M. de Chamilly part, sans demander d'autres explications ; il arrive au jour dit, et, à l'heure indiquée, il est à son poste. Il note tout.

Une fruitière passe avec ses paniers ; un cavalier, en habit bleu, traverse le pont ; puis c'est un paysan déguenillé ; quelques instants après, des portefaix.

A trois heures, un particulier, en veste et en culotte jaunes, s'arrête au milieu du pont, s'appuie sur le parapet, regarde un instant l'eau, puis recule, et, avec un gros bâton, frappe trois coups sur la banquette. Puis d'autres individus passent encore.

A quatre heures, M. de Chamilly plie bagage, monte dans son carrosse, et les postillons brûlent le pavé sur la route de France.

Il arrive chez Louvois, à près de minuit, se demandant quel intérêt le ministre peut avoir à connaître ces notes insignifiantes. On l'introduit, et l'homme d'Etat prend son cahier avec une sorte d'agitation fiévreuse. Il lit avec anxiété; arrivé à l'homme au vêtement jaune, il pousse un cri de joie et se rend de suite chez le roi, qui était couché depuis longtemps.

Il ordonne qu'on le réveille et est introduit; puis il s'incline devant Louis XIV en lui disant :

— Sire, les magistrats de Strasbourg se sont mis d'accord; ils acceptent les conditions proposées et n'attendent qu'une sommation qui leur donne l'air de céder à la nécessité. Je vais expédier immédiatement les ordres nécessaires, et je partirai demain.

L'homme jaune du pont de Bâle était l'émissaire inconscient de la municipalité de Strasbourg, comme Chamilly était celui de Louvois.

En effet, quelques jours après, Strasbourg investi était sommé par Montclar de se rendre, comme ayant violé la neutralité jurée, en acceptant promesse de secours de l'empereur. Le marquis de Louvois, arrivé à Illkirch, faisait savoir en même temps qu'il était prêt à recevoir la ville au nom du roi de France, qui, de son côté, s'engageait à reconnaître ses fran-

chises municipales, ses priviléges, constitutions, lois, coutumes, et à lui en laisser la tranquille jouissance. Il garantissait de plus le libre exercice de la religion protestante.

C'était le salut : car l'Alsace tout entière rentrait dans les bras de la vieille Gaule, sa mère patrie, conservant les libertés qu'elle avait su conquérir pendant la séparation.

Aussitôt en possession de la ville, Vauban adapta son système aux fortifications qu'avait construites un autre homme de génie, l'ingénieur Daniel Specklé, et il bâtit la citadelle.

Certes, l'Empire ne renonçait pas à l'espoir de reprendre un jour cette entrée de la France, que le prince de Bismarck appela, près de deux siècles plus tard, *la clé de la maison*. Un espion allemand s'introduisit dans la place pour faire le plan des nouveaux ouvrages militaires. Les agents secrets que Louis XIV entretenait en Allemagne, l'en prévinrent, et le roi donna au gouverneur Chamilly l'ordre de le traiter avec une grande distinction. Chamilly le fit venir, l'appela de son vrai nom et lui fit voir qu'il était instruit de sa mission. Le malheureux officier était dans des transes terribles ; déjà il demandait grâce, quand, ouvrant la porte de son salon, qui donnait dans la salle à manger, le gouverneur lui fit voir un banquet préparé, autour duquel était déjà réuni tout son état-major, et il l'invita à y prendre place. A la fin du repas, Chamilly l'informa qu'il était autorisé, non-seulement à lui faire visiter tous les travaux, mais encore à lui en communiquer les plans, afin qu'il pût convaincre l'Empereur que la place était désormais imprenable.

La France avait repris sa fortification naturelle.

La réaction catholique du règne de Louis XIV, ainsi que ses tentatives d'assujétissement, échouèrent devant la fermeté des magistrats de la République et l'ardent amour du peuple pour ses libertés politiques et religieuses. Seul, Dietrich, attiré à Versailles, ayant résisté aux séductions de la cour qui aurait voulu le voir abjurer, comme Obrecht et Gauzer, afin d'entraîner d'autres conversions, seul, dis-je, Dietrich fut persécuté. On l'interna plusieurs années à Guéret.

Froissé de la fierté républicaine de la cité alsacienne, le roi soleil crut la punir en ne la visitant qu'extérieurement, lorsqu'il vint voir ses nouvelles conquêtes.

Bien souvent le clergé catholique essaya de reconquérir, sur les protestants, les anciennes églises et principalement Saint-Thomas. Mais, grâce aux représentations des esprits vraiment politiques, qui prouvèrent à Louis XIV et à son successeur qu'une semblable mesure amènerait assurémeut la mort de l'illustre université de Strasbourg, toutes les tentatives échouèrent.

A partir de Louis XV, l'Alsace fait partie de la grande famille française; les campagnes et les seigneuries sont soumises à la loi commune, mais les villes libres conservent leurs immunités et se gouvernent d'après leurs propres constitutions.

Cela dure jusqu'à la Révolution, qui opère enfin la fusion complète, et qui forme cette France une et indivisible qui ne peut pas plus se passer d'un de ses membres que ce membre ne peut se passer d'elle.

XI

LA MARSEILLAISE

C'est à l'Alsace, mes chers amis, qu'était réservé l'honneur de voir naître la *Marseillaise*, le chant national de la France, et pour vous expliquer la passion qui saisit Rouget de l'Isle quand il la composa, je dois vous dire quelle était la situation du pays.

A l'approche des états généraux, comme dans toute la France, la noblesse, le clergé et le tiers état en Alsace avaient préparé les programmes imposés aux députés chargés de les représenter. Tout le monde aspirait à du mieux; le vieil habit féodal craquait de toutes parts et était décidément odieux à tous.

Le clergé alsacien s'était montré libéral. Il réclamait l'unité d'impôt et sa fixation par les députés de la nation, l'abolition des lettres de cachet, la périodicité des états généraux, l'application des lois protectrices des mœurs et de la religion, le perfectionnement de la classe des maîtres d'école, la réforme des administrations de bienfaisance, la suppression par extinction de certains bénéfices, l'amélioration du sort du petit clergé, la répartition des charges sur les trois ordres, la garantie que la corvée, transformée en impôt des ponts et chaussées, ne serait rétablie sous aucune forme, la suppression même du mot de *privilège*, l'assurance que les princes étrangers possédant des propriétés en Alsace ne pourront réclamer des exceptions en faveur de leurs possessions, de leurs officiers ou de leurs vassaux.

A ces conditions, les membres du clergé renonçaient à tout privilège spécial, s'engageaient à contribuer, comme tous les autres citoyens, et proportionnellement à leurs biens, à toutes les charges publiques de l'Etat et de la province, déclarant cependant qu'*ils revendiqueraient leurs droits et privilèges du moment que, par des événements que la sagesse humaine ne peut prévoir, le despotisme renaissant de ses cendres serait parvenu à priver de nouveau la nation de ses droits imprescriptibles.*

Par-ci, par-là, il y avait bien quelques motions intolérantes contre le clergé protestant, et contre les juifs surtout, dont le nombre toujours croissant les inquiétait, et aux fils aînés desquels seuls on proposait de permettre le mariage.

On trouvait en bas de ces cahiers les plus vieux noms alsaciens: les d'Andlau, les Truchses, les Rathsamhausen, etc.

Les cahiers de la noblesse étaient aussi libéraux: périodicité des états, suppression de la lettre de cachet, cette horrible chose qui donnait le droit d'arrestation sans motif; obligation pour tout fonctionnaire de remettre dans les vingt-quatre heures tout individu arrêté entre les mains de son juge naturel; abolition de la vénalité et condamnation de la corruption dans la formation de la milice, obligation pour les princes étrangers propriétaires en Alsace de payer les impôts comme de simples citoyens.

En revanche, la noblesse était absolument intraitable sur le chapitre de ses titres et distinctions. Elle voulait que, sous aucun prétexte, ses prérogatives de rangs, d'honneurs et de privilèges ne fussent attaquées, et demandait que la moitié des grades d'officiers, dans les huit régiments allemands au service de la France, fussent mis à la disposition des gentilshommes alsaciens.

On remarquait, parmi les signataires de ces cahiers, les Flachslenden, les de Berckeim, les Kautergersheim, les Rathsamhausen, les d'Ehenweger, les de Berstett, les de Michelet, les de Broglie, les de Muller.

Quant aux cahiers du tiers état, ils étaient ceux de tout le reste de la France : le cri d'angoisse d'un peuple.

Le roi avait nommé commissaire royal à Strasbourg Frédéric de Dietrich, homme remarquable, très-habile, d'une haute illustration municipale, et dont la famille avait été anoblie sous Louis XV. On comptait qu'il saurait tenir les esprits dans le calme.

Malheureusement il y avait à Strasbourg un homme qui haïssait particulièrement la municipalité : c'était le général de Klinglin, commandant de la place de Strasbourg.

Il ne pouvait pardonner aux Strasbourgeois d'avoir dénoncé les déprédations et les vols de son grand-père, préteur royal, ainsi que de son père condamné à une détention perpétuelle dans la forteresse de Pierre-en-Cise.

Le général de Klinglin entretenait, au moyen d'agents secrets, une agitation sourde dans la populace. Son but était simple : trouver une occasion de se venger des magistrats qui avaient livré à la justice son grand-père et son père et détruire, à tout prix, les pièces de ce procès déshonorant.

Cette occasion se présenta bientôt. La nouvelle de la prise de la Bastille avait produit une exaltation joyeuse dans toute la France. Les agents de Klinglin surchauffèrent la lie de la population, et, le 21 juillet 1789, des gens sans aveu, unis à des paysans des environs, simulèrent une émeute, se jetèrent sur le palais municipal, et là, sous l'œil des régiments de Darmstadt et d'Alsace, devant le général de Klinglin qui souriait et les encourageait, ils pillèrent les caisses, anéantirent les archives, brisèrent les meubles, déchirèrent les tableaux, défoncèrent les tonneaux et se livrèrent à une orgie de vandalisme.

Personne n'avait pris de mesures pour arrêter cette émeute à la première tentative, et le général qui aurait pu agir était l'âme de la chose.

Il en est presque toujours ainsi dans les excès des mouvements populaires. On dit en justice : *Cherche à qui le crime profite.* En politique on doit dire : *Cherche à qui les excès et les désordres profitent.* Ces pillages et ces incendies, où les foules détruisent pour le plaisir de détruire, sont presque toujours dirigés secrètement par des individus qui ont intérêt à faire disparaître des témoignages compromettants, ou par des partis qui n'ont qu'à bénéficier de ces excès.

Les honnêtes gens réprouvèrent cet acte de sauvagerie, avec d'autant plus d'indignation qu'ils suivaient avec plus d'intérêt la marche de la rénovation.

L'Alsace se jeta donc dans le mouvement général et, par là, elle perdit le caractère particulier qu'elle avait quand elle entra dans le royaume de France.

Les traités lui avaient assuré ses privilèges, ses constitutions, ses droits, ses libertés, mais avaient aussi garanti les droits des gentilshommes alsaciens.

Les municipalités étaient libres, mais le peuple des campagnes était ce qu'il était partout, courbé sous la main des seigneurs.

Or voici un échantillon des droits du seigneur en Alsace :

Le seigneur avait le droit de haute et basse justice et percevait les amendes infligées par les baillis.

Il nommait les officiers de justice et, en quelques endroits, avait le droit de revendre ces charges.

Il pouvait acheter le sel n'importe où et avait seul le droit de le vendre le prix qu'il voulait à ses vassaux.

Il percevait un pour cent sur la vente des immeubles et deux pour cent sur celle des meubles.

Il héritait de tout individu mourant, sans laisser de parents ayant droit à la succession.

Il était maître de toutes les mines qui se trouvaient dans l'étendue de sa seigneurie.

Il prélevait une large part sur la découverte de tout trésor caché.

Lui seul pouvait tirer le salpêtre et le vendre.

Il prélevait un impôt sur quiconque émigrait de ses terres.

Il avait le droit de main-morte : c'est-à-dire qu'à la mort du vassal, il pouvait prendre le plus beau meuble de sa maison, et si le pauvre serf ne laissait rien, exiger qu'on lui remît sa main droite coupée.

Il avait droit de protection sur les juifs, c'est-à-dire qu'il pouvait leur permettre de s'établir sur ses terres, moyennant un minimum de 36 livres, par an, pour lui et autant pour le roi. La permission pouvait être retirée selon son bon plaisir.

Chaque habitant lui devait, par an, douze jours de corvée, payables en argent ou en travail effectif par lui, ses chevaux, ses ânes. Il percevait un droit sur le pain, la viande, le vin, la bière, le fer et les enseignes.

Il percevait pour les animaux abattus 8 livres par bœuf; 1 livre 10 sols par vache; 1 livre par génisse; 4 sols par veau; 4 sols par mouton; 8 sols par porc.

On payait au seigneur 8 sols par sac de farine portée au boulanger pour être convertie en pain.

Toutes les marchandises venant de chez le seigneur étaient franches de tous péages.

Il avait seul le droit de posséder un colombier, dont les pigeons ravageaient les récoltes des vassaux; seul droit de chasse et de pêche.

Et encore d'autres droits qu'il serait trop long de vous énumérer.

Qu'il vous suffise de savoir que ces droits existaient en 1789, et que je n'exagère rien, au contraire, car je les tire d'une brochure de l'époque intitulée: *Réflexions sur l'effet que le décret de destruction de*

la féodalité doit produire sur la province d'Alsace, et dans laquelle l'auteur, défenseur des seigneurs, fait valoir le côté tout paternel de ces droits.

L'abolition de ces privilèges exorbitants jeta le désarroi chez les seigneurs alsaciens.

Ils se rappelèrent alors qu'ils tenaient leur noblesse de l'Empire germanique, et, pendant que le reste de la province sentait remuer dans ses entrailles le vieux génie de la Gaule, ils firent appel aux princes de cet empire qui n'était plus qu'une ombre, sous prétexte que, signataires des anciens traités de cession, ils étaient garants de la conservation de ces privilèges.

Le cardinal de Rohan, comme évêque de Strasbourg, se prétendit prince du Saint-Empire et émigra à Ettenheim.

Il s'allia aux princes allemands, qui possédaient en Alsace des fiefs garantis par le traité de Westphalie, et ameuta contre le nouvel ordre de choses tout le haut clergé, les abbés à bénéfices, les chapitres nobles et les communautés.

Le petit clergé séculier, qui sortait du peuple, fit en général son devoir.

Les autres conspiraient donc et excitaient l'Europe contre la patrie. L'organisation ecclésiastique, à cette époque, présentait un enchevêtrement de diocèses qui donnait des prétextes et facilitait les trahisons.

Il y avait alors comme suffragant et vicaire général de l'évêque de Bâle, et possédant par conséquent des dîmes et des rentes en Alsace, un évêque *in partibus* de Lydda, nommé Gobel, qui osa conseiller ce qui suit dans une lettre secrète adressée au chapitre de Bâle :

Le clergé et la noblesse de France ont renoncé aux privilèges et aux exemptions pécuniaires, mais non les princes étrangers; qu'y a-t-il à faire en pareille circonstance?

Il faut opérer à la Diète de l'Empire une coalition entre les princes et les Etats de l'Allemagne, qui peuvent invoquer les traités publics pour la conservation de leurs droits et propriétés en Alsace et autres provinces de France; convenir d'un manifeste commun sous l'accession du chef de l'Empire, lequel, adressé au roi de France comme revêtu du pouvoir exécutif, réclamera avec énergie l'exécution littérale desdits traités, notamment la conservation de leurs droits spirituels dans la province d'Alsace.

Le roi et la nation française devront déclarer que les décrets de l'Assemblée ne peuvent, ni ne doivent être appliqués aux droits et aux propriétés que les princes ont conservés en France; que, si le roi et la nation refusent la déclaration demandée, les princes invoqueront les puissances garantes des traités et *emploieront les moyens que Dieu a mis en leurs mains pour* RECOUVRER LA SOUVERAINETÉ DE L'ALSACE ET D'AUTRES PROVINCES.

L'évêque Gobel, plus tard, se tourna vers la république, et abandonna le parti royaliste, pour devenir archevêque de Paris. C'est alors que, pour se venger, ses anciens amis publièrent sa correspondance secrète, qui, vous le voyez, mes chers amis, témoigne du sentiment que ces gens-là avaient pour leur patrie. Ces menaces avaient reçu un commencement d'exécution, et le peuple, ce peuple de frontière si fin dans ses soupçons, commençait à s'indigner des rassemblements opérés en face de lui. Pour punir ceux qui étaient allés chercher l'étranger, les paysans se ruaient sur leurs châteaux abandonnés et les détruisaient, ne réfléchissant pas que les ennemis de la Révolution s'empareraient de ces excès pour essayer de la déshonorer, et que, d'autre part, ces actes de vandalisme s'opéraient au détriment de la patrie.

D'autre part, les émigrés fomentaient des troubles partout où ils pouvaient; ils avaient enrôlé des fanatiques à Obernai, il y avait des émeutes à Colmar, à Molsheim, à Hagueneau, à Bouxwiller. Les seigneurs allemands, possessionnés en Alsace, emmenaient leurs meubles et leurs objets les plus précieux. Le prince de Darmstadt enlevait même les archives de Bouxwiller, dont il était seigneur.

Dans certains endroits, comme Phalsbourg, les soldats chassaient les officiers nobles qu'ils soupçonnaient de trahison.

Le danger était grand pour la France, et si l'Alsace était particulièrement agitée, c'est qu'elle voyait ce qui se préparait et qu'elle faisait bonne garde.

Le 27 mai 1791, une lettre signée J. Bucken fut envoyée au gouvernement pour l'avertir de l'approche de 24,000 Autrichiens, et d'un rassemblement de 32,000 émigrés à la frontière. « Nous ferons bonne « contenance, écrivait le directoire d'Alsace à l'As- « semblée; mais le danger est imminent, il faut des « secours. »

Dietrich était maire de Strasbourg depuis le commencement d'avril 1790. Son beau-frère, chancelier à Bâle, le tenait au courant des menées des émigrés, et il prenait les mesures pour parer les coups de la conspiration monarchique.

Profitant de l'incurie des gouvernements, incurie qui s'est continuée du reste jusqu'à nos jours, profitant, dis-je, de l'incurie des gouvernements qui n'avaient rien fait pour acclimater en Alsace la langue française, le cardinal de Rohan lançait dans les campagnes des prédicateurs allemands, dans l'espoir de fanatiser les paysans.

Dietrich, pour opposer prédication à prédication, appela en Alsace un franciscain allemand natif des environs de Wurtzbourg, en Franconie, que la lecture de l'Encyclopédie et le mouvement de la France avaient enflammé d'enthousiasme, et qui était alors professeur de philosophie et de belles-lettres à l'université de Bonn. Cet homme était d'une éloquence ardente, d'une dialectique serrée et qui remuait profondément ses auditeurs.

Brendel, l'évêque constitutionnel de Strasbourg, le nomma professeur d'éloquence au grand séminaire, puis en fit son vicaire.

Il s'appelait Euloge Schneider, et devint plus tard ce terrible procureur au tribunal révolutionnaire de Strasbourg, dont les excès indignèrent Saint-Just, qui le fit arrêter et envoyer à Paris, où il fut guillotiné. Sur ces entrefaites eut lieu l'arrestation du roi à Varennes, au moment où il allait rejoindre l'armée ennemie.

Quoique constitutionnel et très-modéré, Dietrich jouissait d'une immense popularité, parce que c'était un honnête homme, un patriote qui faisait noblement son devoir.

La France frémissait de colère jusque dans ses entrailles; on sentait le commencement du grand drame national, et chacun s'apprêtait à prendre son rôle.

C'était l'époque où Kléber, engagé comme simple grenadier, mais nommé adjudant-major au 4ᵉ bataillon du Haut-Rhin, demandait aux administrateurs du département à être employé à l'extrême frontière, là *où se donneront les grands coups.*

On sentait un frémissement courir d'un bout de la France à l'autre.

Le 20 avril 1792, l'Assemblée législative décréta la guerre contre l'empereur d'Autriche, qui prêtait la main aux rassemblements d'émigrés, dont les troupes menaçaient l'indépendance nationale.

Cette nouvelle, qui arriva le 24, enthousiasma les Alsaciens, et une fête fut improvisée à Strasbourg, fête populaire consistant en un déluge de cocardes tricolores, des décharges d'armes à feu, etc.

Le lendemain, la municipalité faisait offrir au vieux maréchal Luckner quatre mille chevaux de trait pour ses équipages, et des milliers de volontaires s'enrôlaient pour courir à la frontière.

Le départ des volontaires du Bas-Rhin devait avoir lieu le 29 avril, après une grande revue passée à Strasbourg, et le maire Dietrich devait les accompagner avec une partie de la population.

Deux jours auparavant, Dietrich offrait un grand dîner, où se trouvaient une grande partie des officiers de la garnison et toute la haute société de Strasbourg.

Parmi ces officiers se trouvait un jeune capitaine du génie, nommé Claude-Joseph Rouget de Lisle, que Dietrich avait en grande amitié. C'était un homme d'une haute instruction, aimant les arts et les lettres, et leur consacrant le temps qui n'était pas pris par son service.

On parlait chez Dietrich de la fête, de l'enthousiasme de la population, et même des chants que le peuple y avait chantés; mélodies plaintives, sur un rhythme lent, chants d'esclavage et de désespoir. C'était un chant de délivrance et de guerre qu'il fallait.

— Voyons, Rouget, dit le maire Dietrich, en se tournant vers le jeune capitaine, vous qui êtes poëte et musicien, faites-nous quelque chose qui soit à la hauteur de la situation, un chant où la patrie vive.

Rouget essaye de s'excuser sur le temps, la difficulté; mais les cris de ses camarades, les prières des jeunes femmes, le champagne dont on remplit sans cesse son verre, l'entraînent : il promet et, à moitié ivre, se sauve chez lui.

En route, il traverse les rues silencieuses encombrées de chariots, de canons, de faisceaux d'armes, et cela lui chauffe encore l'imagination.

Arrivé dans sa petite chambre de la rue de la Mésange, il saute sur son violon, et un chant rythmé comme une marche en avant, un refrain ressemblant à un cri de rage, sort de son instrument.

Il l'a dit plus tard :

— Je n'écrivis les paroles que pour garder l'ordre qu'elles devaient occuper dans la mélodie.

Il nota la musique et écrivit à peu près les couplets; puis il tombait de fatigue, quand à neuf heures Dietrich et quelques amis vinrent frapper à sa porte.

Surpris, encore tout enfiévré de sa veille, et n'ayant pas revu sa composition, c'est avec une certaine répugnance qu'il leur fait entendre ce chant qui enthousiasma ses amis.

Séance tenante, Dietrich le supplie d'en faire l'accompagnement. On enlève la partition, que l'on fait copier et remettre immédiatement à la musique de la garde nationale et aux chanteurs du théâtre, et le dimanche, 29 avril, elle est jouée et chantée au défilé de la revue d'adieu des volontaires.

L'effet fut prodigieux ; les soldats étaient enflammés d'enthousiasme, et Rouget de Lisle raconte qu'ils avaient trouvé un mot étrange pour le caractériser :

— Quel est cet air-là qu'ils nous ont chanté ? On dirait qu'il a des moustaches ! disaient-ils.

L'auteur avait intitulé son chant : *Chant de guerre de l'armée du Rhin*, et l'avait dédié au maréchal Luckner.

M. Charbonnier, dans une belle étude sur la *Marseillaise*, raconte comment le *Chant de guerre de l'armée du Rhin* devint la *Marseillaise*.

« Au commencement du mois de juin 1792, le con-
« seil général de la commune de Marseille décréta la
« formation d'un bataillon de volontaires de cinq
« cents hommes pour aller à Paris. Un club de Mont-
« pellier envoya à ce bataillon un contingent sous la
« conduite de deux députés. L'un d'eux, nommé Mi-
« reur, doué d'une voix forte et sonore, fit entendre
« pour la première fois, dans un banquet patrio-
« tique qui lui était offert par le club de Marseille,
« l'hymne de Rouget de Lisle, qu'il avait appris dans
« un journal constitutionnel publié alors à Stras-
« bourg sous les auspices de Dietrich. En entendant
« ce chant, les assistants furent électrisés et éclatèrent
« en acclamations frénétiques ; le lendemain, les pa-

« roles parurent dans un journal de Marseille, puis
« l'hymne fut tiré à part, et chaque soldat du bataillon
« de volontaires en reçut un exemplaire. »

Ce bataillon, en route, chanta ces strophes brûlantes; sur son chemin les populations accouraient, les répétaient enflammées d'une patriotique colère. Dans la journée du 10 août, les Marseillais l'entonnèrent à l'attaque des Tuileries, et les Parisiens firent chorus avec eux. On l'appela la *Chanson des Marseillais*, et elle devint ainsi le chant de guerre national.

Vous connaissez, mes chers amis, l'histoire terrible de la France repoussant les nations étrangères ameutées contre elle par des fils indignes.

La *Marseillaise* combattait avec les défenseurs de la patrie, planant dans la bataille et soufflant le courage aux plus timides.

Un général écrivait : « Nous nous sommes battus
« un contre dix, mais la *Marseillaise* combattait avec
« nous. »

Un autre : « Envoyez-moi mille hommes et un
« exemplaire de la *Marseillaise*, et je réponds de la
« victoire. »

La *Marseillaise* est intimement mêlée à l'histoire de ces temps héroïques que vous connaissez déjà, et le sculpteur Rudde l'a admirablement représentée dans son immortel bas-relief de l'Arc de Triomphe. Chaque fois que vous aurez occasion de l'admirer, n'oubliez pas, mes chers amis, que la Marseillaise est née à Strasbourg.

XII

L'ALSACE ENVAHIE. 1814-1815.

La République avait créé l'unité française; la grande centralisation impériale l'avait développée, et les vingt années de guerre, de 1792 à 1812, l'avaient singulièrement cimentée.

Les intérêts étaient devenus communs; les grands mouvements du personnel administratif, la vie commune dans les facultés et dans les écoles spéciales, avaient opéré la fusion complète de toutes les provinces chez la bourgeoisie, de même que la suppression des régiments provinciaux l'avait accomplie dans le peuple.

Bretons, Marseillais, Berrichons, Basques, Alsaciens, se rencontraient sur les bancs des écoles, dans les professions libérales, dans les mêmes régiments : coactionnaires de la gloire commune, ils avaient oublié tous les démêlés de l'origine primitive pour ne plus voir que la grande patrie.

Si je n'ai pas parlé de l'Alsace pendant la période impériale, c'est que son rôle se fond dans le concert général; mais il était de mon devoir de la retrouver à ce moment suprême où sa population civile elle-même allait affirmer, par ses sacrifices et par sa valeur, son attachement à la mère patrie.

Je n'ai pas voulu me laisser entraîner ici à un excès de piété filiale, en publiant des notes laissées par un père qui joua, en 1814 et 1815, un certain rôle parmi les vaillants défenseurs de l'Alsace, sous les ordres de Juncker, l'organisateur et le commandant en chef des corps-francs de l'armée du Rhin.

Ce fut en quelque sorte avec stupéfaction qu'on apprit en Alsace les désastres de la campagne de Russie. Bien que moins confiant que l'empereur dans la loyauté des alliés allemands, on avait cependant fini par croire ce que disaient les préfets, les sous-préfets, les maires, les curés et les gardes champêtres : à savoir que c'était la dernière campagne; qu'on aurait ensuite la paix à tout jamais, et qu'après avoir gagné de la gloire à en revendre, on gagnerait enfin de l'argent en travaillant.

C'est sur ces belles promesses qu'on subit la grande levée d'alors, et qu'on donna, comme on dit, le vert et le sec.

De toutes parts, les conseils municipaux votaient des adresses de dévouement à Napoléon, offrant, qui des cavaliers, qui des fantassins armés, montés et équipés aux frais des villes et des villages.

En même temps, au mois de l'année 1813, on colportait clandestinement une adresse de Louis XVIII aux Français, datée d'Hartwel, comté de Buckingham, 1er février 1813, dans laquelle il était dit que « du « moment où l'usurpateur n'était plus protégé par la « victoire, rien n'empêchait les Français de se jeter

« dans les bras de leur roi légitime, le seul honnête
« homme en qui les alliés pussent avoir confiance
« pour le maintien de la paix... »

Cette proclamation, qui fut bien vite saisie, fit peu d'effet sur le peuple ; mais on remarqua qu'à partir de ce moment les affiches et discours des autorités parlèrent en termes moins plats du génie de l'empereur, du dévouement qu'on lui devait, et on prononçait un nom qu'on avait oublié : celui de la Nation !

Le préfet du Bas-Rhin, M. Lezay-Marnésia entre autres, était d'une réserve extraordinaire à ce sujet.

Le 10 avril suivant, on publiait un sénatus-consulte qui décidait la prise de 180,000 hommes pour l'armée active, et l'organisation des gardes nationales dans l'Est et dans le Midi ; puis, un peu plus tard, celle des *gardes d'honneur*, corps créé pour flatter la vanité de la bourgeoisie riche et l'empêcher de faire de l'opposition.

On commençait à s'inquiéter beaucoup, et, par dessus le marché, le Rhin se mit à déborder tellement qu'aux maisons de Strasbourg, jusqu'aux glacis, ce n'était plus qu'une nappe d'eau.

Le contingent de la garde nationale était fixé à six cohortes de 6,000 hommes chacune, pour le département, dont quatre pour la ville de Strasbourg.

De temps à autre on chantait bien un *Te Deum*, tantôt pour la victoire de Dantzick, tantôt pour celle de Lutzen ; mais, malgré la confiance que voulaient inspirer les autorités, elles n'y paraissaient guère croire elles-mêmes, car elles recommandaient une foule de précautions en cas d'incendies, commandaient du linge et de la charpie. Puis, coup sur coup, on annonçait l'arrivée d'un corps de 17,000 hommes, sous les ordres du maréchal Victor, pour protéger la ligne du Rhin entre Landau et Huningue, et on proclamait l'état de siége à Strasbourg. Vers le milieu de décembre 1813, on saisit un imprimé clandestin, tiré à Francfort, et intitulé : *Ultimatum des puissances alliées*, extrêmement flatteur pour la nation française, mais où était exprimée nettement l'idée d'une lutte à outrance contre la prétention de l'empereur à gouverner l'Europe.

Le 6 décembre 1813, parut le décret qui levait 300,000 hommes, et, à la fin du mois, l'armée alliée, sous les ordres de Schwartzemberg, passait le Rhin à Bâle. Dans une proclamation, elle déclarait qu'elle ne venait conquérir que la paix.

La fin de l'année fut signalée par deux combats, où l'avantage nous resta : un engagement de cavalerie à Sainte-Croix-en-Plaine et une escarmouche à Kehl...

Ce fut un triste jour, à Strasbourg, que le 2 janvier 1814. Dès l'ouverture des portes, on vit entrer dans la ville une interminable file de voitures, chargées de meubles, de matelas, d'ustensiles de ménage; en haut, étaient placés des femmes et des enfants au visage désolé; à côté, marchaient de vieux paysans, la tête penchée sous leur vaste chapeau; pas un jeune homme : tous étaient partis, soit par la conscription, soit embrigadés dans la garde mobile.

Ces pauvres gens annonçaient que l'ennemi était en Alsace; que les alliés avaient passé le Rhin sur trois points différents : à Port Louis, à Beinheim et à l'endroit qui fait face à Altenheim, dans le duché de Bade.

D'autres racontaient qu'en arrivant auprès de Mittelhausbergen, ils avaient été assaillis par cinq ou six êtres étranges, habillés avec des vêtements en poil de bêtes, coiffés d'un bonnet de fourrure, montés sur des chevaux maigres, laids, mais extrêmement vifs et tellement petits que les pieds des cavaliers, passés dans des ficelles en guise d'étriers, traînaient jusqu'à terre. A leurs selles pendaient, accrochés, des objets de toute espèce : du lard, des casseroles, des boîtes à sel, des pincettes de cuivre : tout cela provenait du pillage des fermes ou des maisons. Ils étaient armés de longues lances et avaient chargé sur eux, dès qu'ils avaient aperçu les voitures, en poussant des cris sauvages. Heureusement qu'ils étaient trois individus du même endroit, tous armés ; ils s'étaient immédiatement arrêtés ; l'un d'eux avait déchargé son coup de carabine ; l'un des assaillants était tombé, mais son petit cheval s'était immédiatement arrêté, et un de ses camarades l'avait relevé et mis en travers de sa selle ; puis ils s'étaient envolés comme une nichée de moineaux pillards, pendant que le cheval du blessé suivait au galop, sans cavalier.

C'étaient les Cosaques, qui servaient d'éclaireurs à l'armée alliée.

Quelques jours après, ceux-ci s'aventuraient jusqu'à la Robertzau, et Strasbourg était bloqué.

Pendant ce temps, le sénateur comte Rœderer, commissaire extraordinaire, faisait appel au patriotisme de tous. Quand il demandait des hommes de bonne volonté, il s'en présentait plus qu'il n'en voulait; s'il désirait du linge, des lits pour les malades et les blessés, ses désirs étaient des ordres ; si, enfin, on avait besoin d'argent, bien que les temps fussent terribles, on trouvait de l'argent.

Le typhus commençait à se montrer, et d'une manière assez inquiétante pour qu'on déguisât cette maladie sous le nom de fièvre nerveuse; on prescrivait des fumigations d'acides minéraux, et, malgré cela, l'épidémie ne ralentissait pas.

Rien n'est terrible, dans une ville assiégée, comme l'inaction; l'inaction, c'est ou le désespoir ou pis encore : l'ivrognerie, le jeu, l'amollissement et l'indiscipline. Le 24 janvier 1814, le général Broussier, afin d'éviter cela, ordonna une sortie.

On sortit par la porte de Pierre. L'ennemi fut successivement délogé de Schiltigheim et de Bischeim, et ne s'arrêta que vers Suffelsweyrsheim. C'est alors qu'il reprit l'offensive. Mais, quoique bien inférieurs en nombre, nos hommes tinrent bon et lui infligèrent de grandes pertes.

Cette sortie fit rentrer deux cents têtes de bœufs et de vaches; mais, surtout, elle convainquit le général Broussier de la bravoure de ces jeunes gens qu'on venait de lever.

Le 4 février suivant, il y eut une deuxième sortie, toujours par la porte de Pierre, après avoir simulé une fausse attaque par Kehl. Cette sortie elle-même masquait une expédition plus sérieuse, qui avait pour but de détruire un pont établi par l'ennemi sur le Rhin Tordu, et elle réussit comme la précédente.

Cela habituait peu à peu les jeunes hommes au feu; les gardes d'honneur se comportèrent très-vaillamment dans ces sorties, et le régiment des gardes mobiles de la Meurthe y montra un tel entrain, que les hommes refusaient d'obéir aux sonneries de retraite.

Le 14 février, une troisième sortie fut opérée; mais, malgré les succès annoncés, on s'aperçut que les alliés resserraient leurs lignes d'investissement; car les obus tombèrent sur les remparts et même dans le faubourg de Saverne.

C'est alors que la municipalité publia les mesures de précaution à prendre en pareil cas, et, en même temps, arrivait la nouvelle que les ducs de Tarente et de Raguse avaient remporté une victoire sur les corps prussiens d'York et de Kleist.

Enfin, le 13 mars 1814, Rœderer reçut l'ordre de réunir les garnisons de Strasbourg, Kehl, Schlestadt et Neuf-Brisach, pour prendre l'ennemi en queue, pendant que le prince de Neufchâtel l'attaquerait en tête. La garde des places devait, dès lors, être confiée à la garde nationale.

C'est alors que Rœderer fit publier en Alsace une proclamation appelant tous les citoyens aux armes, et le 8 avril eut lieu une véritable bataille, qui coûta aux assiégeants 400 hommes. A ce moment même, des nouvelles étranges circulèrent. L'autorité ne les nia pas; mais des proclamations engagèrent les troupes et les gardes nationaux à attendre des notifications officielles.

Bientôt il n'y eut plus à douter : le préfet Lezay-

Marnésia, qui engageait tout le monde à mourir avec abnégation pour l'empereur, dans un discours au conseil municipal, ne parlait que des vertus de l'excellent roi que nous ramenaient nos bons amis les alliés; ces mêmes alliés qui, quinze jours auparavant, étaient des *hordes barbares*, guidées par des Français *indignes de ce nom*, étaient maintenant les anges qui nous rendaient notre père.

Un armistice fut conclu, et l'on commença à voir clair au dehors.

Dans la campagne, des partisans s'étaient levés, harcelant l'ennemi, coupant ses convois, incendiant ses fourgons, enlevant ses dépêches.

Le nouveau gouvernement qui arrivait avait, disait-on, un air singulier.

De toutes parts on voyait entrer dans la ville des individus qui ressemblaient aux personnages des vieilles images, portant des costumes depuis longtemps oubliés, sautant sur la pointe des pieds; saluant, dans les rues, les gens qui passaient, d'un air protecteur tout à fait comique, et en les appelant bonnes gens.

C'étaient les anciens émigrés, restés fidèles *au malheur*, qui arrivaient en masse derrière les armées ennemies, espérant qu'on allait leur rendre leurs terres et leurs priviléges.

Quelques-uns, des vieillards, étaient affublés des uniformes les plus anciens, portant la perruque à ailes de pigeon et des épaulettes de sous-lieutenant. Ils se figuraient que, depuis 1788, les horloges s'étaient arrêtées, et ils demandaient aux passants si l'on n'avait pas vu leurs régiments. On les regardait avec curiosité et on les prenait pour des fous ou des masques : car on ne se souvenait pas d'avoir vu autre part qu'au théâtre des uniformes pareils.

Les officiers réguliers, en leur faisant le salut militaire, se pinçaient les lèvres pour ne pas éclater de rire; mais les soldats refusaient formellement de leur rendre les honneurs, et les appelaient tout haut : *Grenadiers de Dagobert, Voltigeurs de Louis XIV*, que sais-je encore?

L'un d'eux leva la canne sur un vieux hussard du 8°, qui lui arracha son bâton, et, en pleine rue Mercière, lui administra une bastonnade complète.

Ils appelaient les gens du pays, les gens des provinces allemandes du royaume, ce qui mettait ceux-ci en rage et jetait tout le monde dans une grande perplexité. Le préfet Lezay-Marnésia, le maire Brackenhoffer, qui, dans leurs anciennes proclamations, ne parlaient que du dévouement qu'on devait à S. M. l'empereur et roi, chantaient aujourd'hui à leurs administrés le bonheur d'avoir retrouvé leur père, le bon roi Louis XVIII.

Tous les gens en place étaient les mêmes, depuis les sénateurs jusqu'aux gardes champêtres, depuis les archevêques jusqu'aux sacristains. Kellermann lui-même, un général de la Révolution, un duc de l'empire, était comme les autres ; il avait été nommé gouverneur de la 5° division, mais il fut bientôt remplacé par Suchet, duc d'Albuféra. Puis, de toutes parts, une foule de jeunes prêtres couraient les villes et les campagnes, prêchant la pénitence pour l'expiation de *la grande révolte de vingt-cinq ans;* c'est ainsi qu'ils appelaient notre immortelle Révolution. Et ce qui dégoûtait les gens, c'était de voir ces vieux intrigants de sénateurs, devenus pairs du royaume, ainsi que les maréchaux, princes ou ducs, par la grâce du peuple, prêcher comme eux l'expiation du *crime,* sans lequel ils fussent restés ce qu'étaient leurs pères : des forgerons, des paysans ou de pauvres avocats de province.

Cependant, malgré les belles promesses de paix, il se fit un remue-ménage extraordinaire; on rappela les militaires licenciés ou en congé; on réorganisa la garde nationale; on fit appel aux volontaires. Suchet partit subitement pour Paris. Partout, dans les brasseries, dans les ateliers, on disait que *l'autre* s'était sauvé de l'île d'Elbe avec 1,200 hommes, qu'il avait débarqué au golfe Juan, et qu'il s'avançait à marches forcées sur Paris. Le 22 mars, Suchet revint dans la nuit, et, le lendemain, on lisait sur tous les murs de Strasbourg un *ordre à l'armée,* où le maréchal disait :

« A la première nouvelle du retour de notre auguste EMPEREUR, etc. »

Qu'était donc devenu le *bon roi,* le *père du peuple?*

On allait de nouveau se battre; car l'ennemi, qui avait quitté l'Alsace, s'en rapprochait de nouveau.

C'est Rapp qui fut nommé au commandement en chef de l'armée du Rhin. C'était un enfant du pays, un des plus braves et des plus honnêtes. Son énergie, tout le monde la connaissait; de plus, ce n'était pas un courtisan que celui-là; il était d'une franchise qui était parfois brutale, et ne cachait sa façon de penser à personne, pas même à l'empereur. Lezay-Marnésia était mort peu de temps auparavant, à la suite d'une chute de voiture dans laquelle il s'était enferré dans son épée; il eût probablement, comme les autres, crié de nouveau : *Vive l'auguste Empereur!* pour garder sa préfecture; ce fut Jean de Bry qui le remplaça.

Partout on sentit que c'était la lutte suprême. Avec son activité endiablée, Rapp leva tout ce qui était capable de porter les armes; Semelé commandait la place de Strasbourg, Schramm la garde nationale Juncker les corps francs.

En dehors, Wolff, le colonel du 1er corps franc enflammait la jeunesse. Pendant ce temps, un espion des Bourbons, Demougé, organisait dans l'ombre un vaste système d'espionnage, pour renseigner l'ennemi sur tout ce qui se faisait.

On était si mal informé, que, le jour même de Waterloo, on célébrait un *Te Deum* pour une grande victoire de l'empereur sur Wellington et Blücher réunis.

L'Alsace était de nouveau envahie et Strasbourg bloqué.

Rapp, toujours forcé de se replier sur la place, se porta le 28 juin vers l'ennemi qui, franchissant la Souffel, marchait sur Lampertheim. Là eut lieu un combat qui vaut une grande bataille. On se battit depuis le matin, et à six heures du soir, à la suite d'une brillante charge de cavalerie menée par le général en chef en personne, les nôtres restèrent maîtres du champ de bataille. Nous avions 500 tués et blessés; mais nous avions mis sur le carreau plus de 3,000 ennemis et 2 officiers généraux, entre autres le prince Ferdinand, qui mourut de sa blessure.

L'armée du Rhin connaissait la défaite de Waterloo et l'abdication de Napoléon en faveur de son fils; elle combattait toujours. Sous les murs de Strasbourg, c'étaient l'armée et la garde mobile; aux remparts, c'était la garde nationale sédentaire; dans la campagne, c'étaient les corps francs. De Wissembourg à Mulhouse, du Rhin aux plaines de la Lorraine, on ne sentait que la poudre; chaque coin de bois, chaque défilé de montagne était mortel, et il faudrait des volumes pour raconter ces luttes de chaque jour, de chaque heure, où la prise d'un convoi de vivres, l'enlèvement d'une estafette, la razzia d'un troupeau, la défense d'un ravin, s'élevaient à la hauteur épique d'une grande bataille. Les jeunes gens de seize à vingt ans avaient demandé aussi à être enrôlés, et formaient un bataillon de tirailleurs : ils se battaient comme des lions.

Mais tout était fini à l'intérieur, et l'Alsace, à son tour, dut mettre bas les armes. Ce sera sa gloire éternelle : elle ne cessa la lutte que sur l'ordre qui lui en fut donné; partout elle eut les honneurs de la guerre. On vit des places fortes s'ouvrir et laisser sortir des garnisons de cinquante hommes, emmenant leur matériel traîné par des enfants ; on avait mangé les chevaux, et tout ce qui était valide était mort ou blessé.

Ce fut cette résistance qui prouva aux nations coalisées que l'Alsace était réellement française, et les Allemands durent cette fois renoncer à leur ardent désir de se l'annexer. On dit que la Russie surtout fit remarquer qu'une annexion de l'Alsace serait la cause de révoltes perpétuelles et d'une nouvelle guerre.

Rapp avait conclu un armistice, en attendant les instructions du nouveau gouvernement.

Quand l'ordre du licenciement arriva à Strasbourg, la garnison, qui n'était pas payée depuis longtemps, réclama sa solde. On lui offrit de la payer au prorata de l'encaisse militaire. Elle refusa. Rapp n'avait rien pu obtenir de la ville. Un beau matin, toutes les troupes se réunissent sur la place d'armes : elles nomment pour général en chef un sergent du 7ᵉ léger, nommé Dalouzi, qui choisit pour chef d'état-major le tambour-major du 58ᵉ de ligne. Un autre sous-officier est nommé commandant de place, un troisième est placé à la tête de la 1ʳᵉ division, un quatrième à celle de la 2ᵉ; les sous-officiers sont maîtres absolus. Avec le plus grand respect, ils consignent leurs officiers chez eux, et Rapp, gardé par soixante factionnaires, est prisonnier au palais; les autres généraux sont gardés à vue.

Avec un esprit d'organisation extraordinaire, Dalouzi, dont tous les ordres étaient signés : *Général Garnison*, créa une commission des vivres composée des fourriers, et une commission des finances composée des sergents-majors; puis il envoya son chef d'état-major au camp allié pour prévenir que les troupes respecteraient l'armistice ; mais que, si l'ennemi faisait la moindre démonstration hostile, la force répondrait à la force.

Alors le général *Garnison* convoqua le conseil municipal, lui exposa le motif qui avait décidé l'armée à prendre cette détermination ; il présenta l'état exact des sommes dues, certifié par l'inspecteur aux revues, et invita la municipalité à compléter l'actif pour solder le passif.

Pas un acte de désordre ne fut commis pendant ce temps ; la discipline la plus sévère était maintenue.

La municipalité fit un emprunt qu'elle couvrit très-vite, grâce à la terreur qu'inspira cette étrange révolte.

Quand Dalouzi apprit ce résultat, il envoya les officiers payeurs, sous bonne escorte, chez le payeur général, dans l'ordre de numérotation des corps, et, quand ils eurent touché le montant des sommes dues à leurs régiments, il leur donna l'ordre de ne payer la solde qu'après s'être concertés avec leurs colonels, pour les retenues à effectuer.

Le lendemain, à neuf heures du matin, tout le monde était payé, et la générale battue partout rassemblait les régiments en bataille sur la place d'armes. Dalouzi à cheval, suivi de tout son état-major de sous-officiers, adressait aux troupes une proclamation dans laquelle il leur disait :

« La démarche hardie qui vient d'être faite par vos
« sous-officiers pour vous faire rendre justice et le
« parfait payement de votre solde les ont compromis
« envers les autorités civiles et militaires ; c'est dans

« votre bonne conduite, votre résignation et votre
« excellente discipline qu'ils espèrent trouver leur
« salut, et celle que vous avez gardée jusqu'à ce jour
« en est le plus sûr garant. »

Les troupes rentrèrent aux quartiers; la consigne qui tenait tous les officiers prisonniers fut levée, et tout rentra dans le rang. Les coupables ne furent pas poursuivis.

La deuxième Restauration s'établit, et l'Alsace reprit son rôle pacifique de province française, agitée cependant, comme le reste du pays, par la réaction blanche, par les excès cléricaux, en un mot par les luttes de la vie politique, mais n'ayant du moins plus rien à redouter pour sa nationalité.

XIII

LE 30 SEPTEMBRE 1872.

La guerre de 1870, déclarée si légèrement par Napoléon III à la Prusse et aux autres puissances qui lui prêtèrent le secours de leurs armes, appartient à l'histoire générale de la France, et beaucoup d'entre vous, mes chers amis, connaissent déjà cette horrible page de notre histoire ou l'apprendront bientôt.

Je n'ai plus qu'à vous dire un mot d'un grand jour de l'Alsace, jour terrible qui est resté marqué en caractères ineffaçables dans le cœur de tout patriote. Je veux parler du dernier jour de l'Alsace française.

Depuis longtemps, l'Allemagne convoitait la possession de cet admirable pays, qui lui livrait l'entrée de la France. M. de Bismarck appelait Strasbourg « la clef de notre maison », et dans un de ses moments de franchise brutale il s'écria, dit-on :

— Soit ! le Rhin, si on le veut, est notre fossé ; mais l'Alsace alors est le glacis et nous gardons le glacis.

Les soldats prussiens, après la bataille de Reichschoffen, chantaient, en marche sur Strasbourg, une chanson qui indique bien le courant d'idées qui existait en Allemagne :

O Strasbourg ! ô Strasbourg ! ville admirablement belle, où sont enfermés tant de soldats !
Où sont enfermés aussi, vous ne le savez presque plus, depuis plus de cent ans, mon orgueil et ma gloire.
Depuis cent ans et plus encore, dans les bras du brigand Welche se consume la fille de mon cœur ; cependant la douleur cessera bientôt.
O Strasbourg ! ô Strasbourg ! la ville de mon cœur, éveille-toi de tes rêves ténébreux, tu dois être sauvée !
L'heure a sonné: tes frères accourent en foule.

On le voit, la conquête de l'Alsace et d'une partie de la Lorraine n'a pas été causée par la prolongation de la guerre après la reddition de Napoléon III ; à Sedan, elle était décidée par les Allemands. D'ailleurs une chose encore le prouve.

Aussitôt qu'ils eurent mis le pied en Alsace, ils y installèrent une administration toute prête et imposèrent aux écoles leurs systèmes d'enseignement.

Si donc on avait fait la paix après la honteuse journée de Sedan, on n'aurait pas sauvé un pouce du territoire convoité par l'ennemi et on aurait perdu l'honneur en plus.

Le 31 mars, une Assemblée nationale nommée à la hâte pendant l'armistice et sur un territoire dont plus du tiers était occupé par les troupes de l'ennemi victorieux, vota sans discussion, pour ainsi dire, à 546 voix contre 107, les préliminaires du traité de paix imposé par le vainqueur.

Ce traité, outre la formidable indemnité de cinq milliards, stipulait la cession de l'Alsace et d'une partie de la Lorraine au nouvel empire d'Allemagne.

Et comme si cette Assemblée eût éprouvé le besoin de se réhabiliter devant la conscience publique et devant l'histoire de cet abandon, elle saisit l'occasion d'une insolence d'un député, M. Conti, ancien secrétaire de Napoléon III, pour prononcer légalement dans la même séance la déchéance de l'auteur de cette guerre funeste et de sa dynastie, dans l'ordre du jour suivant :

L'Assemblée nationale clôt l'incident et, dans les circonstances douloureuses que traverse la patrie, et en face de protestations et de réserves inattendues, confirme la déchéance de Napoléon III et de sa dynastie, déjà prononcée par le suffrage universel, et le déclare responsable de la ruine et du démembrement de la France.

Aussitôt que le vote qui rayait désormais près de quinze cent mille citoyens français fut accompli, M. Grosjean, l'un des députés de l'Alsace, monta à la tribune, et d'un ton simple et grave à la fois, au milieu d'un silence de mort, il lut la déclaration suivante :

Je suis chargé par tous mes collègues des départements de la Moselle, du Bas-Rhin et du Haut-Rhin, présents à Bordeaux, de déposer sur le bureau, après en avoir donné lecture, la déclaration suivante :

« *Les représentants de l'Alsace et de la Lorraine ont déposé, avant toute négociation de paix, sur le bureau de l'Assemblée, une déclaration affirmant de* la manière la plus formelle leur droit de rester Français.

« Livrés, au mépris de toute justice et par un odieux abus de la force, à la domination de l'étranger, nous avons un dernier devoir à remplir.

« Nous déclarons encore une fois nul et non avenu un pacte qui dispose de nous sans notre consentement.

« La revendication de nos droits reste à jamais ouverte à tous et à chacun, dans la forme et dans la mesure que notre conscience nous dictera.

« Au moment de quitter cette enceinte, où notre dignité ne nous permet plus de siéger, et malgré l'amertume de notre douleur, la pensée suprême que nous trouvons au fond de nos cœurs, est une pensée de reconnaissance pour ceux qui pendant six mois n'ont pas cessé de nous défendre, et d'inaltérable attachement à la patrie dont nous sommes violemment arrachés.

« Nous vous suivrons de nos vœux, et nous attendrons, avec une confiance entière dans l'avenir, que la France régénérée reprenne le cours de sa grande destinée.

« Vos frères d'Alsace et de Lorraine, séparés en ce moment de la famille commune, conserveront à la France absente de leurs foyers, une affection filiale jusqu'au jour où elle viendra y reprendre sa place. »

Bordeaux, 1er mars 1871.

Signé : S. Chauffour, E. Teutsel, Fr. André, Ostermann, Schneegans, E. Keller, Kablé,

Melshem, Bœll, Titot, Albrecht, Alfred Kœchlin, V. Rehm, A. Scheurer-Kestner, Alp. Saglio, Humbert, Kuss, Rencker, Deschange, Bœrsch, A. Tachard, Th. Noblot, Dornès, Ed. Bamberger, Bardon, Léon Gambetta, Frédéric Hartmann et Jules Grosjean.

Ce devoir accompli, ces 28 députés se levèrent, et, pleins de douleur et de dignité, quittèrent l'Assemblée qui venait d'abandonner à l'implacable vainqueur les territoires qu'ils représentaient.

Quand je dis 28, je me trompe, ils n'étaient que 27, car au moment même où se décidait le sort de son pays, M. Kuss, député du Bas-Rhin et dernier maire de Strasbourg, mourait de douleur, à Bordeaux, à quelques pas de l'Assemblée.

Ce fut le traité de Francfort qui compléta les préliminaires de Bordeaux.

L'article 2 de ce traité stipulait pour les habitants des territoires cédés et pour ceux qui en étaient originaires, le droit d'opter pour la nationalité française et de transporter leur domicile en France, avant le 1ᵉʳ octobre 1872.

Cet article était plein d'ambiguïté, et les fonctionnaires du gouvernement allemand se gardaient bien de donner aux intéressés les explications qu'ils demandaient. Les conquérants étaient terrifiés du nombre extraordinaire de conquis qui voulaient abandonner le pays.

Ce ne fut que dans les derniers jours que l'on comprit ce que les Allemands entendaient par ce droit de transporter le domicile en France.

Le droit c'était l'option, l'exil était l'obligation.

Le 30 septembre 1872 fut un jour terrible ! On avait attendu jusqu'au dernier moment pour abandonner la terre sacrée où dormaient les ancêtres, où étaient nés les enfants. Le lendemain, il fallait que la deuxième partie du contrat fût exécutée pour que la première partie fût sanctionnée, c'est-à-dire qu'il fallait avoir quitté le pays pour avoir gardé la nationalité française.

On put se faire une idée de ce qu'étaient naguère les grandes migrations de peuples.

Non-seulement les voies ferrées, mais les grandes routes, les chemins de petite communication, étaient noirs de monde. « On eût dit, écrivait un témoin « oculaire, ces formidables invasions de fourmis « voyageuses dans l'Amérique du Sud. »

Tous les moyens de transport avaient été mis en réquisition : voitures, chariots, charrettes, voitures à bras, brouettes même, descendaient chargés de meubles et de paquets vers la France, escortés des familles en larmes. Des centenaires se traînaient vers la frontière, appuyés sur l'épaule de femmes qui tenaient des nouveau-nés à la mamelle. Des moribonds se faisaient porter en dehors du pays natal, pour ne pas mourir Allemands. L'un d'eux expirait sur le quai de la gare de Nancy, en remerciant le ciel de lui avoir permis d'apporter son dernier soupir à la patrie. Tous ces malheureux avaient eu le courage d'arracher du sol natal les racines de leur cœur.

Le conquérant inexorable resta frappé de stupeur devant les vides laissés dans la conquête.

Il eut beau favoriser l'immigration des siens, il ne put se donner le change à lui-même.

On n'obtint ainsi qu'une population louche, nomade par goût ou par nécessité. Aucune famille allemande attachée à son pays, aucune maison de commerce sérieuse, n'avait pu songer à abandonner une situation faite, pour aller s'établir dans une contrée destinée à devenir, un jour ou l'autre, le champ de bataille de l'avenir, et dont les habitants étaient des ennemis-nés.

Après huit années de possession, l'Alsace est restée française de cœur et n'a de contact avec ses maîtres que pour les affaires officielles.

Une barrière morale est élevée entre les enfants du pays et les immigrants allemands.

L'Allemagne elle-même n'a rien gagné à la conquête. La riche et puissante industrie alsacienne, après avoir porté un coup mortel à l'industrie de ses vainqueurs, languit à son tour et voit la mort venir lentement, mais sûrement.

Le vainqueur, qui se flattait de conquérir les cœurs après avoir conquis la terre, baisse la tête avec confusion ou ricane sceptiquement devant l'Europe étonnée, pendant que l'Alsace, impassible mais immuable, reste le regard fixé sur l'avenir, attendant ce jour suprême qui se lève toujours pour les opprimés.

TABLE DES CHAPITRES

I. Ce que disent les ruines. 1
II. Comment les premiers Allemands vinrent en Alsace. 15
III. Les Franks en Alsace. 31
IV. Franks, Romains et Gaulois, ou noblesse, clergé et peuple 47
V. Le champ du Mensonge. . . , ... 63
VI. Comment l'Alsace fit partie de la Germanie. 77
VII. Strasbourg libre. 89
VIII. La cathédrale de Strasbourg. 119
IX. Avénement de la démocratie. 135
X. Comment l'Alsace devint française. . . 155
XI. La Marseillaise. 179
XII. L'Alsace envahie. 1814-1815. 195
XIII. Le 30 septembre 1873. 215

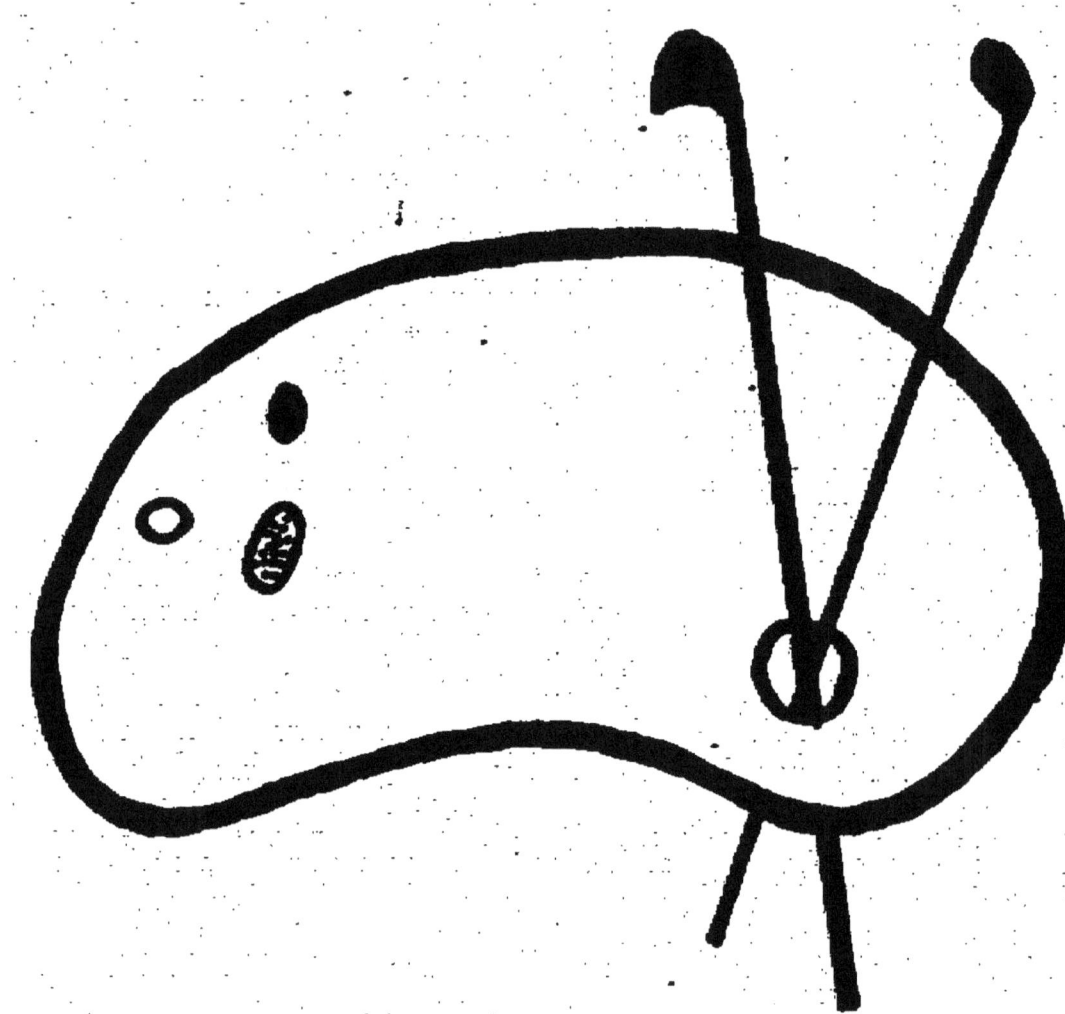

ORIGINAL EN COULEUR
NF Z 43-120-8

www.ingramcontent.com/pod-product-compliance
Lightning Source LLC
Chambersburg PA
CBHW071909160426
43198CB00011B/1230